우편집중국
효율성 분석
✉ 자료포락분석(DEA)

우편집중국
효율성 분석
■ 자료포락분석(DEA)

이재설 지음

한국학술정보㈜

머리말

어떤 조직이나 생산단위의 성과를 평가할 때에 효율성·생산성을 평가함은 일반적인 것으로 생각되고 있다. 그러나 전통적인 효율성 측정방법들은 사전에 설정된 평가지표 및 가중치 등으로 말미암아 평가결과에 대하여 피평가자가 만족스럽고 합리적이라고 생각하는 경우가 흔하지 않다. 이 책에서 실증분석의 대상인 우편집중국의 경영평가제도를 살펴볼 때 첫째, 주어진 목표의 달성도가 평가되나 얼마만큼의 자원을 사용하여 그 목표를 달성하였는가가 평가되지 않을 가능성, 둘째, 우편집중국의 효율성에 영향을 미치는 투입요소 및 산출요소가 충분히 고려되지 아니한 점, 셋째, 경영평가지표에서 비계량평가지표의 비중이 95%로서 객관성의 문제를 야기할 수 있는 점, 넷째, 경영평가지표 및 가중치가 사전에 설정됨에 따라 의사결정단위(decision making units, DMUs) 간의 비교 가능성을 감소시키고 전체의 성과를 파악하지 못하게 하는 점 등의 문제점을 제시할 수 있다.

함수적 접근법, 비율분석법 및 생산성 지수법 등 전통적인 효율성 측정방법의 한계점을 극복하는 방법으로 등장한 것이 체제모형에 의한 투입요소와 산출물을 사용하여 DMU의 상대적 효율성을 측정하는 변경분석(frontier analysis)이다. 변경분석은 모수적 접근방법인 확률변경분석(stochastic frontier analysis, SFA)과 비모수적 접근방법인 자료포락분석(data envelopment analysis, DEA)으로 구분할 수 있는데 이 책에서는 DEA 기법을 사용하여 우편물류의 핵심적 역할을 수행하는 우편집중국을 대상으로 효율성을 분석하여 보았다.

DEA를 적용하는 과정에서 대부분의 국내문헌들은 DMU, 투입요소 및 산출요소의 적절한 선정방법을 제시하지 못하였다. 이 책은 DEA의 절차와 함께 DMU 및 요소의 선정방법을 제시하였을 뿐만 아니라 실제로 적용하여 보았다. 또한 국내문헌에서 흔히 볼 수 없는 cone-ratio DEA 적용결과를 제시함으로써 사전에 가중치를 제한하지 않는 DEA의 단점을 보완할 수 있는 방안을 제시하였다.

이 책은 총 4개의 장으로 구성되었다. 제1장 서론에 이어 제2장에서는 우편집중국을 개관하고 현행 우편집중국 경영평가제도의 문제점을 살펴보았다. 제3장에서는 효율성 및 DEA에 관한 이론을 정리하였다. 특히 DEA의 절차 부분은 음미해볼 만하다고 할 수 있다. 제4장에서는 우편집중국의 효율성을 실증분석 하였는데 DMU, 투입·산출요소 및 투입·산출지향모형의 선정, DEA 일반모형인 CCR 및 BCC 모형에 의한 분석, 가중치 제약 분석인 DEA-AR 및 cone-ratio DEA에 의한 분석, 서열을 위한 분석인 교차효율 분석 및 초효율 분석, 효율성 변화 분석인 윈도우 분석 및 맘퀴스트 생산성 지수 분석을 실시하고 분석결과를 종합하였다. 제5장에는 결론을 기술하였다.

여러모로 부족한 저자가 감히 세상에 내놓은 이 책이 DEA에 관심 있는 독자들에게 두루 읽혀 작은 도움이라도 된다면 무한한 영광이 될 것이다.

끝으로 이 책의 발간에 많은 도움을 주신 한국학술정보(주)의 채종준 대표님, 출판사업부의 권성용 님, 디자인편집부의 김은정 님과 이효정 님께 감사드린다.

2010년 5월
이재설

::목 차 Contents

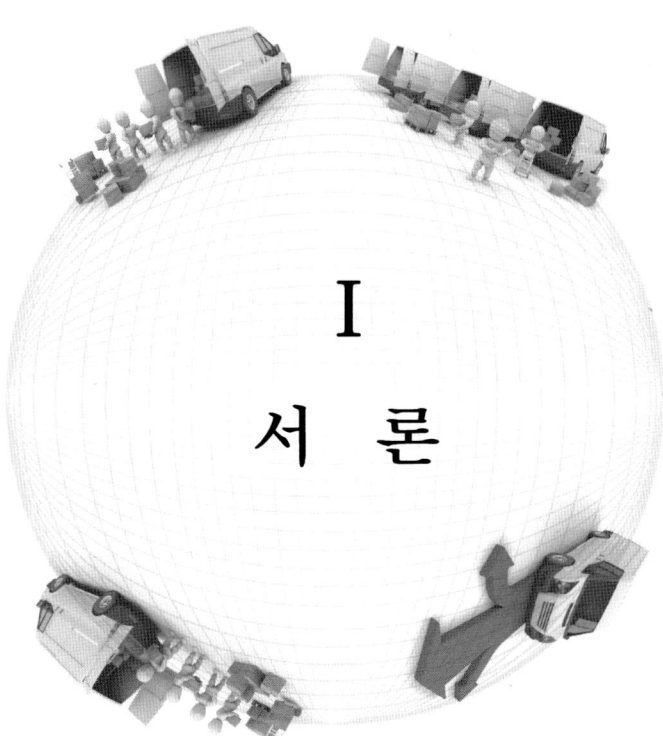

I

서 론

어떤 생산단위(productive units)의 성과를 이야기할 때 어느 정도 효율적(efficient)이냐 또는 어느 정도 생산적(productive)이냐를 말하는 것은 일반적인 것으로 되어 있다(Lovell, 1993; Fried et al, 2008). 효율성(efficiency) 및 생산성(productivity)은 보통 투입에 대한 산출의 비율을 의미하는데 여러 학자가 이에 대하여 의견을 제시하고 있다.

오늘날 국내외의 정치·경제·사회적 환경은 급변하고 있으며, 특히 정부와 기업은 급변하는 환경 속에서 생존하기 위하여 경쟁력을 강화하고 있다. 경쟁력을 강화하기 위해서는 정부와 기업의 효율성을 제고함이 필수 불가결한 사항이 되었으며, 효율성을 제고하기 위해서는 먼저 효율성을 객관적이고 정확하게 측정·분석할 필요가 있다. Farrell(1957)은 다음과 같이 효율성 측정의 필요성을 설명하였다

산업의 생산적 효율성을 측정하는 문제는 경제이론가 및 경제정책수립자 모두에게 중요하다. 만일 상이한 경제체제의 상대적 효율성에 관한 이론적 주장이 실증적으로 검증되어야 한다면, 효율성을 실제로 측정할 수 있어야 함은 필수적이

다. 또한 만일 경제계획 자체가 특정 산업에 관계된다면 그 산업이 더 이상의
자원 부담 없이 얼마나 효율성의 증대에 의하여 산출을 증대할 것인가를 생각하
는 것은 중요하다.

우편집중국은 당해 우편집중국 및 관할 우체국에 접수된 우편물의
구분·발송 및 관할지역에 배달되는 우편물의 구분을 담당함으로써
우편물류과정의 핵심기능을 수행하는 지식경제부 우정사업본부 소속
현업기관이며, 이의 효율적인 운영을 위해서는 객관적이고 정확한 효
율성 분석이 필요하다. 우정사업본부는 급변하는 환경에 대응하고 국
민들의 요구에 부응하는 고품질의 보편적 서비스의 제공과 자립경영
기반의 구축을 효율적으로 달성하기 위하여 우정사업본부 및 소속기
관에 대한 경영평가제도를 도입하여 시행하고 있다. 2008년도 우정사
업 소속기관 경영평가지표 중 우편집중국 경영평가지표를 살펴보면
가중치 5%의 계량평가지표 및 가중치 95%의 비계량평가지표로 구성
되어 있는데, 이로 인하여 객관성 부족 등의 문제점이 있다.

이러한 문제점을 해결하기 위하여 본 연구는 DEA(data envelopment
analysis, 자료포락분석)를 사용하여 우편집중국의 효율성 및 효율성
변화를 분석한다. DEA는 전통적인 효율성 측정방법들의 한계를 극복
하기 위한 방법으로서 다양한 투입요소를 사용하여 다양한 산출물을
생산하는 DMU(decision making unit, 의사결정단위)의 상대적 효율성을
분석하는 데 매우 적합한 분석기법이다.

그런데 DEA를 사용하여 효율성을 분석한 대부분의 문헌을 살펴보
면 DEA의 절차, DMU 및 투입·산출요소[1]의 선정과정이 명확하게

---

1) 투입 및 산출에 대한 용어로는 '투입(input)' 및 '산출(output)', '투입요소(input factor)' 및
  '산출요소(output factor)', '투입변수(input variable)' 및 '산출변수(output variable)' 등이
  사용되나 본 연구에서는 '투입요소' 및 '산출요소'를 주로 사용한다.

밝혀지지 않았으며, 이로 인하여 분석에 있어서 매우 중요한 투입요소 및 산출요소가 타당하게 선정된 것인지를 파악하는 데 어려움을 주고 있다. 그러므로 본 연구는 문헌고찰 결과를 이용하여 DEA의 절차, DMU의 선정, 투입요소 및 산출요소를 선정하는 절차를 제시 및 실행하고, 선정된 투입·산출요소와 DEA의 기본모형 및 확장모형을 사용하여 2008년도 우편집중국의 효율성을 분석하며, 그 분석결과를 토대로 바람직한 우편집중국의 효율성 분석모형을 제시함에 목적이 있다.

우리나라의 우편집중국은 1990년 서울우편집중국의 개국을 시작으로 1996년 동서울우편집중국, 1999년 수원우편집중국 외 4국, 2000년 원주우편집중국 외 3국, 2001년 부천우편집중국, 2002년 의정부우편집중국 외 9국, 2007년 영암우편집중국 외 2국 등 총 25국이 개국되었으나 2008년 7월 1일 순천우편집중국은 순천우체국에 통합되었다.

본 연구의 범위는 체제모형에 의한 투입요소와 산출물을 사용하여 DMU의 상대적 효율성을 측정하는 변경분석(frontier analysis) 방법 중 비모수적(non-parametric) 접근방법인 DEA를 사용하여 전국 25개 우편집중국 중에서 순천우체국에 통합된 순천우편집중국을 제외한 24개 우편집중국을 대상으로 2008년도 상대적 효율성을 분석해 보고 바람직한 효율성 분석모형을 제시하는 것이다. 정태적 환경하의 효율성 분석은 2008년 12월 31일 현황 또는 2008년도 운영실적을 투입·산출자료로 사용하여 DEA의 일반 모형, 가중치 제약 모형 및 서열화 모형에 의하여 우편집중국별 효율성 점수, 효율성 점수 순위, 투입·산출요소의 가중치 및 참조집합을 분석하며, 동태적 환경하의 효율성 및 생산성 변화 분석은 2008년 1/4분기부터 4/4분기까지의 각 분기의 운영실적 또는 각 분기 말 현황을 투입·산출자료로 사용하여 윈도우 분석 및 맘퀴스트 생산성 지수 분석에 의하여 우편집중국별 효율성 점수 및 생산성 지수의 변화를 분석한다.

본 연구는 DEA에 관한 문헌고찰과 우편집중국의 효율성 분석에 필요한 실증자료의 수집 및 분석을 통하여 수행한다. 정태적 환경하의 분석인 DEA 일반 모형, 가중치 제약 모형 및 서열화 모형에 의한 분석을 실행하기 위한 분석도구로는 EMS(efficiency measurement system) 및 DEA-Solver를, 동태적 환경하의 분석인 윈도우 분석 및 맘퀴스트 생산성 지수 분석을 위한 도구로는 DEA-Solver 및 EnPAS(efficiency and productivity analysis system)를 사용하고, 가중치 제약방법 중의 하나인 DEA-AR 수행에 필요한 AR(assurance region, 확신영역) 설정을 위한 AHP(analytic hierarchy process, 계층분석절차) 실행도구로는 Super Decisions를 사용한다. 그리고 연구는 다음과 같은 방법으로 진행한다.

첫째, 우편집중국 설치현황, 우편기계시설 및 경영평가제도를 개관한다.

둘째, 문헌을 통하여 DEA 기법을 사용하여 우편집중국의 효율성을 분석한 선행연구를 살펴보고, 효율성 및 생산성의 개념과 DEA 이론을 조사 및 정리한다. 특히 DEA의 절차, DMU 및 투입·산출요소의 선정에 관한 이론에 중점을 둔다.

셋째, 2008년도 우편집중국의 효율성 분석에 필요한 자료를 수집하여 정리하며, 이 자료에 대한 판단적 심사 및 단계적 접근법을 통하여 분석에 사용할 투입요소 및 산출요소를 선정한다.

넷째, 분석은 크게 정태적 및 동태적 환경하의 분석으로 구분하여 실행한다. 먼저 정태적 환경하의 분석으로서 DEA의 일반 모형인 CCR 모형 및 BCC 모형에 의한 분석을 실행하여 각 우편집중국의 효율성 점수, 효율성 점수 순위, 규모효율성 및 규모수익을 파악하며, 이 결과를 사용하여 비효율적으로 나타난 우편집중국의 효율성 개선 방향을 모색한다.

다섯째, DEA의 일반 모형이 가중치를 사전에 제약하지 않는 DEA의 특성을 반영하기 때문에 효율적인 DMU가 다수 나타나는 문제를 개선하기 위하여 가중치 제약 모형과 서열화 모형에 의한 분석을 실행한다. 가중치 제약 모형으로는 DEA – AR 및 cone – ratio(원추비율) DEA를 실행한다. DEA – AR은 CCR – AR 및 BCC – AR 모형으로 구분하여 실행한다. AHP 기법을 활용하여 AR을 설정하며, 이 과정에서 우편집중국에 관한 전문가들을 대상으로 투입 · 산출요소의 중요도에 관한 설문조사를 실시한다. 각 우편집중국의 효율성 점수, 효율성 점수 순위, 규모효율성 및 규모수익을 파악한다. Cone – ratio DEA는 CCR 모형에 의한 분석결과, 효율적으로 나타난 우편집중국의 투입 · 산출요소의 가중치를 사용하여 투입 및 산출자료를 변환한 후, 이 변환된 자료를 사용한 CCR 모형 분석방법과, 투입 · 산출요소에 대한 선호순서에 따라 발생할 수 있는 경우를 고려하여 cone을 구성한 후, 각 cone 별로 CCR 모형에 의하여 분석하는 방법을 사용한다.

여섯째, 서열을 위한 모형으로서 교차효율 분석(cross – efficiency analysis) 모형 및 초효율 분석(super – efficiency analysis) 모형에 의한 분석을 실행한다. 교차효율 분석은 자기평가를 제외한 동료평가의 평균치를 구하며, 초효율 분석은 CCR 초효율 분석 및 BCC 초효율 분석을 실행한다.

일곱째, 앞의 DEA 일반 모형, 가중치 제약 모형 및 서열화 모형이 일정 시점에서의 현황 또는 실적을 사용한 정태적 환경하의 분석이므로 시간의 경과에 따른 각 우편집중국의 효율성 또는 생산성의 변화를 분석할 수 없다. 이 문제를 해결하기 위하여 윈도우 분석(window analysis) 및 맘퀴스트 생산성 지수(Malmquist productivity index, MPI) 분석을 실행하며 이 결과를 해석하여 생산성 개선방안을 제시한다.

여덟째, 분석결과를 종합하여 정리하고 우편집중국 효율성 분석의 바람직한 모형을 제시한다.

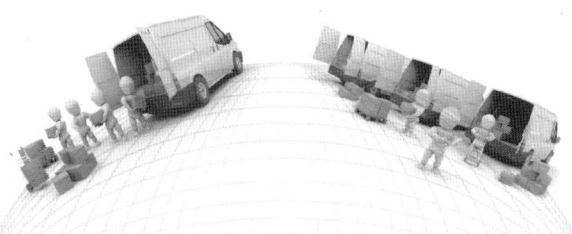

II
우편집중국 개관

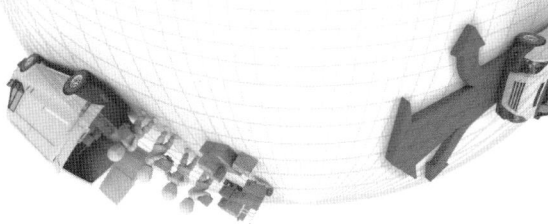

1. 우편집중국의 의의

최초로 알려진 우편 기록은 이집트에서 발견된 기원전 255년의 것이다. 그러나 그 이전에도 우편서비스는 왕과 황제를 위하여 일하는 배달인(messenger)의 형태로 거의 모든 대륙에 존재했다. 시간이 지나면서 종교단체나 대학들은 뉴스 및 정보를 교환하기 위한 그들 자신의 메시지 배달체계를 갖추었다. 장거리에 대한 신속한 배달을 위하여 중계국(relay stations)이 배달인의 노선에 설치되었다. 결국은 개인들이 다른 사람과의 의사소통을 위한 배달인을 사용하는 것이 허용되었다.[2] 이처럼 전에는 모든 사람들이 우편서비스를 자유롭게 이용할 수 없었으나 후에 우편서비스에의 접근이 자유로워졌다.

만국우편연합헌장에 의하면 우편서비스(postal service)는 그 범위가 연합의 조직체에 의하여 결정되며, 우편서비스의 주요 의무는 우편물

---

2) http://www.upu.int/

의 수집(collection), 구분(sorting), 송달(transmission) 및 배달(delivery)을 보장함으로써 회원국의 어떤 사회적 및 경제적 목적을 충족시키는 것이다(Article 1bis, Constitution of the Universal Postal Union). 여기에서 '우편물'(postal items)은 우편 당국의 서비스(통상우편, 소포우편, 우편환, 기타)에 의하여 처리되는 무엇에나 관련되는 일반적인 용어이다(Article 1, Universal Postal Convention).

이와 같이 우편서비스는 한편으로는 통신수단으로서 인식되고 있으며 다른 한편으로는 우편물을 수집, 구분, 운송 및 배달하는 물류수단으로서도 인식되고 있다. 이 우편서비스의 과정에서 핵심적인 기능을 수행하고 있는 우편집중국은 당해 우편집중국 및 관할 우체국에 접수된 우편물의 구분·발송 및 3자물류업과 관할지역에 배달되는 우편물의 구분 및 3자물류업을 담당하는 지식경제부 우정사업본부 소속 현업기관이다(지식경제부와 그 소속기관 직제 시행규칙 제45조). 우편집중국은 이전에 우체국에서 분산하여 소량단위로 처리하던 우편물 구분처리업무를 우편물량 및 운송거리를 고려하여 수용권역을 설정하고 한곳에 모아 우편기계시설을 이용하여 대량으로 일괄처리하는 우편물처리 전담기관이다.

우편물의 소통과정은 일반적으로 발송인→접수→수집·정리·소인→발송구분→운송→도착구분→배달→수신인으로 이루어진다. 이와 같은 우편물의 소통과정은 국가별로 별로 차이가 없으나 소통과정을 수행하는 소통체계는 국가별로 차이가 있다.

우편물량이 많지 않던 시대에는 우체국 중심의 소통체계가 일반적이었으며, 우리나라도 <그림 Ⅱ-1>과 같은 우체국 중심의 소통체계를 선택하였고 우체국을 기능별로 무집배국, 집배국, 집배모국, 직체결국 등으로 구성하여 우편물을 처리하였다. 그러나 우편물량이 많을 경우 우체국 중심체계는 인력에 의한 작업생산성의 한계와 다단계구조 때문에 소통대응력 측면에서 한계를 가지고 있다.

인력중심의 생산성 한계를 극복하기 위하여 기계에 의한 혁신적인 우편물 처리시스템 그리고 다단계를 축소한 새로운 형태의 우편물 소통체계에 대한 필요성이 대두되었다. 이러한 필요성에 따라 우정 선진국은 우편물을 대량으로 처리할 수 있는 우편구분기계를 개발하였고 우편집중국에 배치하여 우편집중국 중심의 소통체계를 구축하였다.

우리나라의 우편집중국 중심 소통체계는 <그림 Ⅱ-2>에서 보는 바와 같이 집배센터, 집중국 및 교환센터로 구성되어 있다. 우편집중국은 통상우편물과 소포우편물을 처리하며, 발송지 우편집중국은 무집배국과 집배센터에서 수집된 우편물을 다른 우편집중국(또는 도착지 우편집중국)별로 구분하여 발송하고, 도착지 우편집중국은 집배원

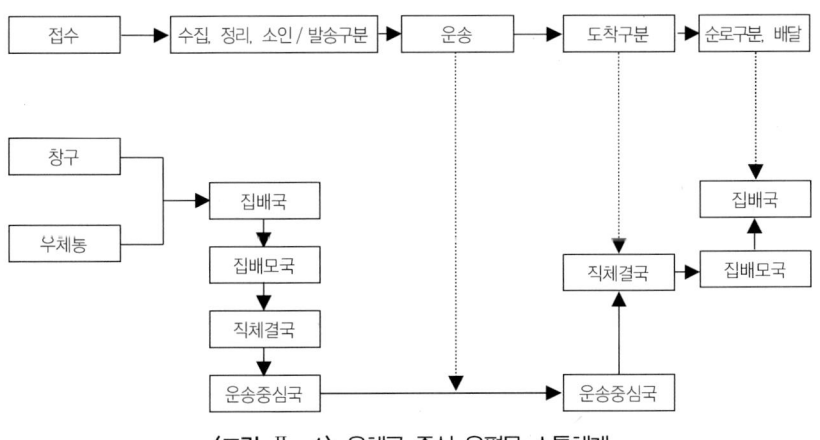

〈그림 Ⅱ-1〉 우체국 중심 우편물 소통체계

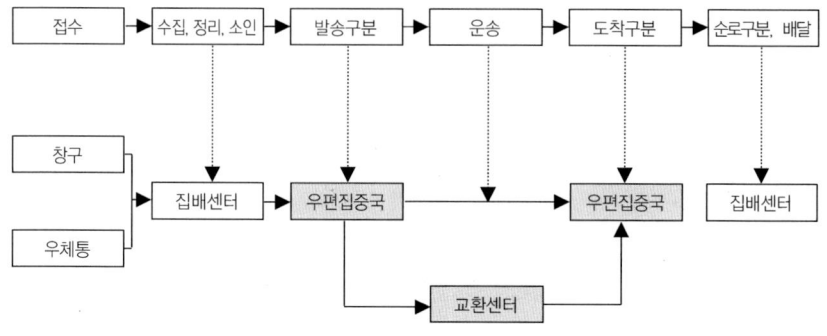

| 접수 | → | 수집, 정리, 소인 | → | 발송구분 | → | 운송 | → | 도착구분 | → | 순로구분, 배달 |

| 창구 | | | 집배센터 | → | 우편집중국 | → | 우편집중국 | | 집배센터 |
| 우체통 |

| 교환센터 |

〈그림 Ⅱ-2〉 우편집중국 중심 우편물 소통체계

별 또는 동별로 구분하여 집배센터에 발송한다(우정사업본부, 2003).

2. 우리나라 우편집중국 설치현황

우편물 처리업무는 기본적으로 단순·반복적이고 노동집약적인 작업으로 그동안 대부분 수작업에 의존해 왔다. 경제·사회의 발전과 함께 우편물량이 급증하고 중량화·대형화되는 추세이며, 이에 상응하는 소요인력 충원이 미흡하여 우편취급자의 업무 부하가 날로 심화되어 왔다. 또한 인력이 확보되더라도 수작업에 의한 우편물 처리가 일정 규모 이상이면 효율성 저하를 초래하므로 업무능률성 제고, 노동력 절감 및 근무환경 개선 등을 위해서는 우편물 처리작업의 기계화·자동화가 필요하게 되었다.

선진 외국의 경우 1970년대부터 꾸준히 우편작업의 기계화를 추진하여 종래 대형 우체국 간 구분·운송체계에서 우편집중국 간 운송체계로 전환하고 소량 수작업 중심의 소형 우편집중국은 다량 기계 구분 중심의 대형 우편집중국 건설 후 흡수 · 통합 및 광역화하여 전국적인 우편기계화망을 완성 · 운영함으로써 경영합리화를 통한 흑자 경영 또는 대국민 우편서비스 품질 향상을 도모하였다.

우리나라에서도 그동안 우편작업기계(소인기, 파속기, 요금인영계기) 및 옥내운반시설(승강기, 컨베이어 등)을 전국 주요 우체국에 보급하여 우편작업의 생산성 향상을 도모하여 왔으며, 만성적인 서울지역의 우편물 소통 적체현상을 해소하기 위하여 1985년부터 서울지역에 기계화국사인 우편집중국 건설을 추진하여 1990년 3월에 서울우편집중국을 최초로 개국한 데 이어 1996년 3월에 동서울우편집중국을 개국하였다.

또한 지속적으로 증가하는 우편물량의 원활한 처리를 통하여 우편 이용고객에게 안정적인 서비스를 제공하는 한편 우편사업의 경영합리화를 도모하기 위해서는 전국적인 우편집중국망 구축이 필요하여 1994년에 '전국 우편집중국 건설 종합계획'을 수립하고 광역시 · 도별 거점도시 및 기타 지방도시에 단계적으로 우편집중국 건설을 추진하여 2002년부터 22개 우편집중국과 1개의 교환센터로 구성된 선진국형 hub & spokes 형태의 전국적인 우편물류망을 완성함으로써 본격적인 우편물처리 인프라 및 네트워크를 갖추고 성공적으로 운영하였다.

<표 Ⅱ-1> 우편집중국 설치현황

국명	국사규모	일일처리용량	운영개시	국명	국사규모	일일처리용량	운영개시
서울	대형	250만 통	1990. 3.	성남	중형	225만 통	2002. 7.
동서울	대형	300만 통	1996. 3.	안양	중형	225만 통	2002. 7.
수원	소형	75만 통	1999.10.	고양	중형	225만 통	2002. 7.
대전	중형	125만 통	1999.10.	창원	중형	125만 통	2002. 7.
청주	소형	75만 통	1999.10.	진주	소형	50만 통	2002. 7.
광주	중형	125만 통	1999.10.	안동	소형	50만 통	2002. 7.
대구	대형	250만 통	1999.12.	강릉	소형	50만 통	2002. 7.
원주	소형	75만 통	2000. 5.	순천	소형	50만 통	2002. 9.
제주	소형	35만 통	2000. 5.	(2008. 7. 1. 순천우체국으로 통합됨)			
부산	대형	250만 통	2000. 8.	천안	소형	50만 통	2002. 9.
전주	소형	75만 통	2000.10.	영암	소형	75만 통	2007.10.
부천	대형	250만 통	2001. 4.	울산	소형	75만 통	2007.11.
의정부	대형	300만 통	2002. 7.	포항	소형	75만 통	2007.12.

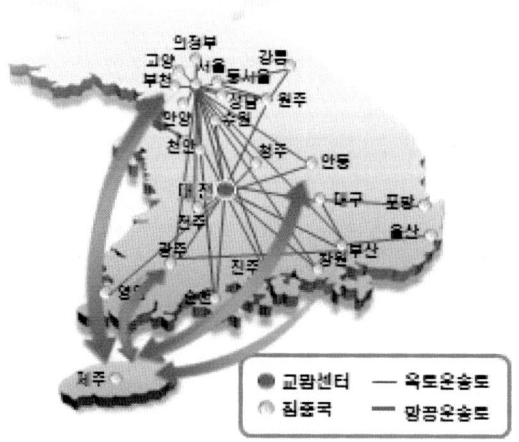

<그림 Ⅱ-3> 우편집중국망

22개 우편집중국을 운영한 결과 수용권역의 광역화로 인해 발생하고 있는 송달서비스 취약지역을 해소하고 우편택배사업의 활성화에 따른 소포물량 급증에 대처하고자 동서울우편물류센터를 2006년에 완공하였다. 그리고 울산, 포항 및 영암지역에 우편집중국 추가건설계획을 수립하여 2007년에 완공함으로써 <표 Ⅱ-1> 및 <그림 Ⅱ-3>과 같이 현재 25개 우편집중국이 운영되고 있다(우정사업본부, 2007).

3. 주요 우편기계시설

우편집중국은 소형통상우편물, 얇은 대형통상우편물, 두꺼운 대형통상우편물, 소포 및 특수통상우편물을 처리하며, 이들 우편물을 처리하기 위하여 자동구분시스템이 설치되어 있다.

자동구분시스템은 우편물의 발송·배달구분을 자동으로 처리하기 위하여 우편물을 투입하는 투입장치, 행선지 주소에 해당하는 구분구를 결정하는 판독장치 및 우편물을 구분구로 이송·방출하고 임시로 저장하는 이송/저장장치의 세 가지 장치로 구성된다. 판독장치는 행선지 주소정보를 자동으로 판독하기 어려운 경우 작업자가 행선지 주소에 해당하는 정보를 입력하기 위한 정보입력장치와 입력정보에 해당하는 구분구를 결정하는 구분구 결정장치로 구분할 수 있다.

본 연구에서는 우편집중국에 설치된 주요 시설인 서장구분기, 플랫구분기, 패킷구분기, 대형통상복합구분기, 소포구분기, 운송용기 및 옥내운반시스템을 간단히 살펴본다(우정사업본부, 2003).

(1) 소형통상구분기: 서장구분기

서장구분시스템(서장구분기)은 <표 Ⅱ-2>의 규격화된 서장우편물을 구분하며, 발송구분을 위한 복합구분기(optical character reader and video coding integrated system, OVIS)와 배달구분을 위한 최종구분기(letter sorting machine, LSM) 그리고 두 기계를 연결하는 운송컨베이어(overhead conveyor)로 구성된다. 이 외에 보조시설로 구분된 우편물을 다발화(묶음화)하기 위한 칸막이컨베이어와 비닐파속기, 구분된 우편물을 우편상자에 저장하기 위한 우편상자적재대가 있다. 서장구분기는 국내 서장우편물의 규격화, 인쇄체 주소로 된 서장 다량우편물의 증가, 운송용기 및 우편집중국 내 운송체제의 변화 등 우편환경의 변화와 광학판독기술, 영상판독기술 및 구분구 모양 등 우편기술의 발전에 따라 변화되었다. 서장구분기의 주요 사양은 <표 Ⅱ-3>에, 기능은 <표 Ⅱ-4>에 그리고 모습은 <그림 Ⅱ-4>에 나타냈다.

〈표 Ⅱ-2〉 서장구분기 처리대상 우편물 규격

구분	길이(mm)	높이(mm)	두께(mm)	중량(g)
최소	135	85	0.15	2
최대	245	167	6.0	50

〈표 Ⅱ-3〉 서장구분기의 주요 사양

구분기계	처리속도 (통/시간)	구분구(스태커) 수(개)	판독대상	영상타건 좌석 수	바코드 인쇄형식
복합구분기	30,000	60	우편번호 형광바코드 고객바코드	4석 또는 6석	3 out of 5, 목적지 바코드, off-line용 ID바코드
최종구분기	30,000	200	형광바코드 고객바코드	-	바코드 인쇄장치 없음

〈표 Ⅱ-4〉 서장구분기의 기능

기계			기능
복합구분기	투입장치		서장을 고속으로 투입
	판독장치	광학판독장치	서장의 우편번호나 고객바코드를 광학판독장치로 판독
		영상판독장치	광학판독장치로 판독하지 못한 우편물은 영상판독장치로 이송되어 작업자가 우편번호를 타건함으로써 수동판독. 영상구분기의 운영시스템은 우편물과 시스템에 상황에 따라 on-line, off-line, on/off-line으로 변환 가능
		바코드인쇄장치	판독된 서장에 우편번호에 해당하는 형광바코드를 인쇄
		바코드판독장치	형광바코드와 고객바코드를 판독
최종구분기	투입장치		서장을 고속으로 인입
	바코드판독장치		형광바코드 또는 고객바코드를 판독
	이송/저장장치		판독된 우편물을 해당 구분구(bin 또는 half stacker)로 이송·저장
	서장운송컨베이어		복합구분기에서 바코드가 인쇄된 우편물을 최종구분기로 이송하며 on-line 및 off-line으로 운영

〈그림 Ⅱ-4〉 서장구분기

(2) 플랫구분기

플랫구분기(flat sorting machine, FSM)는 <표 Ⅱ-5>의 규격화된 얇은 대형통상우편물(플랫)을 구분하며, 타건작업으로 우편물을 투입하는 2개의 저속수동인입부, 우편번호와 바코드 판독이 가능한 2개의 고속자동인입부, 광학/영상판독장치 및 이송/저장장치로 구성되어 있다. 플랫구분기의 주요 사양은 <표 Ⅱ-6>에, 기능은 <표 Ⅱ-7>에 그리고 모습은 <그림 Ⅱ-5>에 나타냈다.

〈표 Ⅱ-5〉 플랫구분기 처리대상 우편물 규격

구분	길이(mm)	높이(mm)	두께(mm)	중량(g)
최소	140	90	0.5	10
최대	360	265	20	1,000

〈표 Ⅱ-6〉 플랫구분기의 주요 사양

처리속도 (통/시간)	바코드 판독	구분구 수 및 형식	영상타건 좌석 수	인입부 수
18,000 (mechanical)	형광바코드 흑색바코드	중형우편상자 200개	4석	4개 (자동 2, 수동 2)

〈표 Ⅱ-7〉 플랫구분기의 기능

기계		기능
투입 장치	저속수동인입부	플랫을 낱개로 투입 및 우편번호를 수작업으로 타건 입력
	고속자동인입부	플랫을 고속으로 투입 및 광학/영상판독장치에서 우편번호나 바코드를 입력
	정보입력장치	저속 수동인입부로 투입된 우편물은 작업자가 타건하여 입력
판독 장치	광학판독장치	서장구분기의 광학판독장치와 같음
	영상판독장치	서장구분기의 영상판독장치와 같음
	바코드인쇄장치	서장구분기의 바코드인쇄장치와 같음
	바코드판독장치	서장구분기의 바코드판독장치와 같음
이송/저장장치		판독된 우편물을 해당 중형우편상자까지 이송·저장

〈그림 Ⅱ-5〉 플랫구분기

(3) 대형통상구분기: 패킷구분기

패킷구분기(packet sorting machine, PSM)는 <표 Ⅱ-8>의 두꺼운 대형통상우편물과 다발 우편물 등 규격화된 패킷을 구분하며, 보통 6면체 중 한 면에 적혀 있는 주소를 판독하기가 용이하지 않아서 서장구분기나 플랫구분기와 달리 광학/영상판독장치가 없는 경우가 일반적이며, 작업자가 행선지 주소정보를 타건하여 입력한다. 최근의 다량우편물은 고객바코드가 붙어 있어 작업자가 hand scanner를 이용하여 주소정보를 입력하기도 한다. 패킷구분기의 주요 사양은 <표 Ⅱ-9>에, 기능은 <표 Ⅱ-10>에 그리고 모습은 <그림 Ⅱ-6>에 나타냈다.

〈표 Ⅱ-8〉 패킷구분기 처리대상 우편물 규격

구분	길이(mm)	높이(mm)	두께(mm)	중량
최소	70	70	5	50g
최대	400	290	2,000	15kg

<표 Ⅱ-9> 패킷구분기의 주요 사양

처리속도(통/시간)	바코드 판독	구분구 수 및 형식	수동인입부 수
10,600 (mechanical)	수동타건 및 바코드 판독	집중국별로 상이	10개소 (5개소×2)

<표 Ⅱ-10> 패킷구분기의 기능

기계		기능
투입장치		투입장치는 인입컨베이어이며, 두 곳에 5개씩 총 10개의 컨베이어로 구성됨. 판독담당 작업자에게 우편물을 분배하여 공급
판독 장치	정보입력장치 판독장치	판독담당 작업자가 우편물의 우편번호나 바코드를 입력장치에 입력하면 입력정보를 이용하여 해당 구분구를 판독
이송/저장장치		우편물을 운반체(pan 형식의 tray)에 싣고 해당 구분구로 이송, 방출 및 저장

<그림 Ⅱ-6> 패킷구분기

(4) 대형통상구분기: 대형통상복합구분기

대형통상복합구분기는 <표 Ⅱ-11>의 플랫과 패킷형태의 우편물을 대부분 처리할 수 있는 시스템으로 플랫을 고속으로 투입하기 위한 1개의 고속자동인입부와 패킷을 투입하기 위한 3개의 저속수동인입부로 구성된 인입장치, 우편물의 판독을 위한 광학/영상판독장치 그리고 트랙과 운반체로 구성된 이송/저장장치로 구성된다.

<표 Ⅱ-11> 대형통상복합구분기 처리대상 우편물 규격

구분		길이(mm)	높이(mm)	두께(mm)	중량
수동투입부	최대	140	90	1	20g
	최소	370	280	200	15kg
자동투입부	최대	140	90	1	20g
	최소	370	280	20	1kg

대형통상복합구분기는 플랫과 패킷을 대부분 처리할 수 있어 플랫과 패킷으로 분류하는 비용을 감소시킬 수 있다. 소형 우편집중국의 경우, 플랫과 패킷의 우편물량이 각각 기계 1대분에 미달하여 두 가지 우편물을 처리할 수 있는 대형통상복합구분기를 도입하게 되었다. 대형통상복합구분기는 광학/영상판독시스템을 개선하여 패킷 우편물까지 적용한 것으로 자동구분시스템을 한 단계 상승시킨 것이며, 구동벤트 강제배출방식을 적용하여 우편물에 대한 취급안전성을 향상시켰다. 대형통상복합구분기의 주요 사양은 <표 Ⅱ-12>에, 기능은 <표 Ⅱ-13>에 그리고 모습은 <그림 Ⅱ-7>에 나타냈다.

<표 Ⅱ-12> 대형통상복합구분기의 주요 사양

처리속도 (통/시간)	구분방식	구분구 수 및 형식	영상타건 좌석 수	투입구 수
9,000 (mechanical)	광학/영상판독시스템 - 비디오 타건 (on-line only) - 바코드 판독 - 키보드 타건 (저속 수동인입부)	집중국별로 상이, 우편상자 이용	2석	4개 (자동 1, 수동 3)

<표 Ⅱ-13> 대형통상복합구분기의 기능

기계		기능
투입 장치	저속 수동인입부	작업자가 우편물을 하나씩 컨베이어에 적재하면서 해당 우편번호를 입력장치에 입력하거나, 입력하지 않고 트랙 위에 over-head 형태로 설치된 광학/영상판독장치(우편번호나 바코드를 판독)에 위임할 수도 있음
	고속 자동인입부	플랫구분기의 고속자동인입부와 같이 플랫을 고속으로 투입
판독장치		수동투입구에서 작업자가 타건기를 이용하여 우편번호를 입력하는 경우 외에는 트랙에 설치되어 있는 광학/영상판독장치가 주소부를 판독하여 우편물의 구분구를 결정. 영상판독장치가 판독을 실패할 경우 영상을 전송하여 모니터에 나타난 영상을 작업자가 보고 우편번호를 타건함으로써 판독 영상운영시스템은 on-line만 가능
이송/저장장치		패킷구분기의 트랙과 같은 형식이나 구분방식이 패킷구분기가 경사 미끄럼 방출방식인 것에 비하여 구동벨트 강제배출방식(cross-belt type)으로 우편물(플랫)의 방출에 정확을 기할 수 있음

〈그림 Ⅱ-7〉 대형통상복합구분기

(5) 소포구분기

소포구분기(parcel sorting machine, PSM)는 <표 Ⅱ-14>의 규격화된 소포를 구분하며, 국내 우편집중국에는 대형 우편집중국에 설치된 close-loop형 소포구분기와 소형 우편집중국에 주로 설치된 slide shoe 형 소포구분기가 있다. Close-loop형 소포구분기는 용어 그대로 트랙이 타원형으로 폐쇄되어 있으며 운반체에 실려 있는 소포는 구분구로 진입되거나 계속 트랙 위에서 회전할 수 있다. Slide shoe형 소포구분기는 트랙이 직선형이며 구분구가 20~30개 내외로 close-loop형 소포구분기보다 상대적으로 설치면적이 좁아도 된다.

〈표 Ⅱ-14〉 소포구분기 처리대상 우편물 규격

구분	길이(mm)	높이(mm)	두께(mm)	중량
최소	100	60	10	0.2 kg
최대	1000	500	500	30 kg

소포구분기에 광학/영상판독장치가 없는 경우에는 작업자가 행선지 주소정보를 타건하여 입력한다. 고객바코드가 붙어 있는 다량우편물을 처리하기 위하여 overhead scanner를 이용하거나 작업자가 hand scanner를 이용하여 주소정보를 입력하기도 한다.

구성요소는 우편물을 투입하는 컨베이어와 scanning 또는 타건이 가능한 인입장치, 입력된 주소정보를 이용하여 우편물의 구분구를 결정하는 판독장치, 우편물을 개방형 트랙의 운반체에 실어 해당 목적지까지 운반·구분하며 우편운반차나 슈트를 구분구로 이용할 수 있는 이송/저장장치이다. 소포구분기의 주요 사양은 <표 Ⅱ-15>에, 기능은 <표 Ⅱ-16>에 그리고 모습은 <그림 Ⅱ-8>에 나타냈다.

<표 Ⅱ-15> 소포구분기의 주요 사양

종류	처리속도 (통/시간)	바코드 판독	구분구 수 및 형식	구분방식	인입부 수
경사구분, close -loop형	6,600(mechanical, 인입부 4개 기준)	수동타건	집중국별로 상이	경사배출방식	3~4개소
slide shoe형	4,000(mechanical, 인입부 3개 기준)	수동타건	집중국별로 상이	slide shoe 방식	3개소

<표 Ⅱ-16> 소포구분기의 기능

기계		기능
투입장치		우편물을 트랙에 적재
판독장치	정보입력장치 판독장치	판독담당자는 소포의 우편번호를 입력장치에 타건하여 입력 입력된 정보를 이용하여 우편물의 해당 구분구를 결정
이송/저장장치		소포를 운반체(pan 형식의 tray 또는 slide shoe slot)에 싣고 해당 구분구로 이송, 방출 및 저장. 구분구로 슈트를 사용

close-loop형   slide shoe형

〈그림 Ⅱ-8〉 소포구분기

(6) 운송용기

우편운송용기는 운송차량, 옥내운반시스템 및 발착시설뿐만 아니라 운송관리 및 종적추적관리 등에도 밀접한 관련이 있으며, 현재 사용되고 있는 규격화된 운송용기는 우편상자, 우편자루, 우편운반차 및 상자운반차가 있다. 운송용기의 설명 및 그림은 각각 <표 Ⅱ-17> 및 <그림 Ⅱ-9>와 같다.

〈표 Ⅱ-17〉 우편집중국 운송용기

운송용기	설명
우편상자	소형, 중형 및 대형이 있으며, 각각 소형통상, 얇은 대형통상 및 두꺼운 대형통상을 담는 용기로 사용함
우편자루	모든 종류의 우편물을 담는 데 사용함
우편운반차	소포 또는 우편자루를 적재하는 데 사용함. 일명 파렛트 또는 롤러컨테이너라고도 함
상자운반차	우편상자를 적재하는 데 사용함. 일명 트롤리라고도 함

| 우편상자 | 우편운반차 | 상자운반차 |

〈그림 Ⅱ-9〉 우편집중국 운송용기

(7) 옥내운반시스템

우편물의 옥내운반은 도착장에서 우편작업장으로 운반하는 과정과 우편구분처리 작업장에서 발송장으로 운반 및 운송용기를 행선지별로 분류하는 과정으로 구성되어 있으며 관련 자동화시스템은 우편상자 운반 및 분류를 하는 트레이컨베이어시스템(tray conveyor system, TCS), 우편자루 운반 및 분류를 하는 오버헤드컨베이어시스템(over－head conveyor system, OCS) 및 우편자루의 단순한 이동을 위한 벨트컨베이어(belt conveyor) 등이 있다. 1999년까지는 우편자루 중심의 운송체제였기 때문에 OCS가 주로 사용되고 TCS가 보조 운반시스템으로 사용되었으나, 오늘날에는 우편자루보다는 우편상자 사용이 보편화되어 TCS가 주로 사용되고 있다.

옥내운반시스템은 구분되어 적재되는 우편물을 발송시각에 맞추어 발송장으로 운반할 수 있어야 하고, 발송장의 처리능력에 맞추어 우편물을 임시로 대기 또는 저장할 수 있어야 하며, 작업자의 추가적인 조작 없이 자동적으로 운반이 가능하여야 한다. 우편물이 적재된

〈표 Ⅱ-18〉 옥내운반시스템의 구성 및 기능

구분		TCS	OCS
투입장치		우편물이 적재된 소형, 중형 및 대형 우편상자를 옥내운반시스템에 투입하기 위한 컨베이어	우편물이 적재된 우편자루를 옥내운반시스템에 투입하기 위한 장치로 구동장치가 달린 클리핑블럭에 우편자루를 물림
판독장치	정보입력장치	입력정보로 우편상자에 바코드를 붙임	입력정보로 타건기에 우편번호를 입력
	판독장치	입력정보인 바코드를 이용하여 운송용기를 판독하며 해당 구분구까지 이송하기 위한 제어장치	입력정보를 이용하여 운송용기를 판독하여 해당 구분구까지 이송하기 위한 제어장치
이송/저장장치 (구분스테이션)		판독장치에 의한 정보를 이용하여 운용용기를 해당 구분구까지 이송하고 운송용기를 구분구인 버퍼 컨베이어에 방출하고 임시로 저장하는 장치	판독장치에 의한 정보를 이용하여 운송용기를 해당 구분구까지 이송하고 운송용기를 구분구인 우편운반차에 방출시키는 장치, 우편운반차로 구성되며 우편자루를 임시로 저장

우편자루나 우편상자를 옥내운반시스템에 투입하기 위한 투입장치, 바코드나 우편번호 등 입력정보를 이용하여 운송용기를 구분구로 운반하는 이송/제어장치 및 운송용기를 구분구로 투입하고 임시로 저장하는 저장장치로 구성되어 있다. 옥내운반시스템의 구성과 기능은 <표 Ⅱ-18>과 같으며, 트레이컨베이어의 모습은 <그림 Ⅱ-10>과 같다.

〈그림 Ⅱ-10〉 트레이컨베이어

4. 우편집중국 경영평가제도

4.1. 경영평가제도

1996년 12월 31일 제정되어 1997년 1월 1일부터 시행된 '우정사업 운영에 관한 특례법'은 우편서비스의 향상 및 생산성 향상 등에 관한 사항이 '우정사업 경영합리화계획'에 포함되도록 하고 정보통신부장관이 매년 우정사업의 경영실적을 평가하여 경영합리화계획에 반영하도록 하였다.

그 후 우정사업본부 출범일인 2000년 7월 1일에 시행된 개정법은 우정사업본부장이 매년 그 소속기관의 경영실적을 평가하여 그 결과를 우정사업 운영의 개선에 반영하도록 하였다.

이 경영평가제도는 지금까지 이어지고 있으며 그동안 평가지표에 많은 변화가 있었다. 현재 경영평가는 균형성과표(balanced scorecard, BSC)의 관점에서 이루어지는데 우편집중국의 경우 타 우정사업 소속기관과는 달리 고객관점은 반영하지 않고 재무관점, 내부프로세스관점 및 학습과 성장관점에서 이루어지고 있다.

우편집중국에 대한 2008년도 경영평가지표는 <표 Ⅱ-19>와 같다.

구 분	지표명	평가방법	가중치	평가방법
재무	우편사업수익성	계량	4	[1+(실적수지-목표수지)/비용]×100
	우편비용생산성	〃	1	(우편사업수익/우편인원)/목표
내부 프로세스	우편소통품질	비계량	75	체신청 자체평가기준에 의함
	우편통계정보관리	〃	10	체신청 자체평가기준에 의함
학습과 성장	관서운영효율성	〃	9	경영실적보고서 평가 및 체신청 자체평가기준에 의함
	청렴도	〃	1	체신청 자체평가기준에 의함
계	-	-	100	가중치: 계량 5, 비계량 95
감점	2점 이내	○ 자료 허위 작성 및 지표 악용 시 최고 3점까지 감점		

자료: 우정사업본부(2008)

4.2. 현 경영평가제도의 문제점

<표 Ⅱ-19>의 2008년도 우편집중국 경영평가지표를 보면 사전에 설정된 계량평가 5% 및 비계량평가 95%의 가중치가 부여되고 있어 다음과 같은 문제가 있다.

첫째, 주어진 목표의 달성도가 평가되나 얼마만큼의 자원을 사용하여 그 목표를 달성하였는가는 평가되지 않을 가능성이 있다. 즉 투입과 산출의 연계에 의한 평가가 이루어지지 않을 수 있다(김건위, 2006).

둘째, 우편집중국의 효율성에 영향을 미치는 투입요소 및 산출요소기 충분히 고려되지 않았다. 우편집중국의 효율성에 중요한 영향을 미칠 수 있는 대지면적, 건물면적 및 기계시설 수량 등은 고려되지 않고 5%의 계량지표와 95%의 비계량지표에 의하여 평가된다. 이 경우 넓은 건물면적과 많은 기계시설을 갖춘 우편집중국이 적정 처리 물량에 미달하는 우편물을 처리하였음에도 불구하고 비계량평가부문에서 우수한 평가를 받는다면 종합적으로 '1등급' 평가를 받는 경우가 발생할 수 있다.

셋째, 경영평가지표에서 비계량평가지표가 차지하는 비중이 95%라는 것은 객관성의 문제를 야기할 수 있다. 즉 평가자의 자의적 판단이 개입될 수 있다.

넷째, 경영평가지표 및 가중치가 사전에 설정됨에 따라 DMU 간의 비교 가능성을 감소시키고 전체의 성과를 파악하지 못하게 하는 단점을 지닐 수 있다. 다시 말하여, 통일된 평가지표에 따라 가중치를 부여하여 평가하기 때문에 한 DMU의 절대적 평가는 가능하나 평가 결과가 우수한 DMU와 그렇지 못한 DMU를 비교하여 성과에 따른 DMU 간 경쟁을 유도할 만한 평가체계를 갖추고 있는지에 대해서는 확신할 수 없다. 각 평가지표의 가중치에 따른 점수를 단순 합계하여 총점을 계산하는 방식은 부분별 지표에 의한 부분별 추진상황은 파악할 수 있지만 전체의 성과를 측정하는 데 한계가 있다(김건위, 2006).

다섯째, 경영평가지표 중 가중치 5%의 계량평가지표는 우편사업수익성 및 우편비용생산성, 가중치 95%의 비계량평가지표는 우편소통품질, 우편통계정보관리, 관서운영효율성 및 청렴도로 구성되어 있어 투입 및 산출의 관계인 우편집중국의 효율성 또는 생산성을 분석하는 데 적절한 수단이 되기 어려우며, 시간의 경과에 따른 효율성 · 생산성의 변화를 파악하기는 더욱 어렵다.

여섯째, 비계량지표의 경우 전국의 8개 체신청별로 평가기준을 설정하여 관할 우편집중국을 평가하므로 전국의 우편집중국을 하나의 집합으로 하여 통일된 평가기준하에서 평가하기 곤란하다.

Ⅲ
문헌고찰

1. 선행연구

DEA 모형을 사용하여 우편집중국의 효율성을 분석한 선행연구로 김대기 · 최재필(2006)의 연구가 있다. 이들은 우편업무의 핵심조직인 22개 우편집중국의 효율성을 DEA 모형을 통하여 평가하고 평가결과를 기초로 비효율적인 우편집중국을 개선하기 위한 전략적인 대안을 시스템 다이내믹스 모형을 사용하여 제시하였다. 이 연구에서 DEA 모형의 투입요소로 우편기계, 운영인력 및 비정규직 예산을, 산출요소로 처리물량, 기계처리율, 과오근절, 운송효율성, 정시소통률 및 현지평가결과를 사용하였다. 이 연구를 살펴보면 우편집중국의 효율성을 CCR 모형을 사용하여 객관적으로 분석한 장점이 있는 반면에 다음과 같은 문제점을 발견할 수 있다.

첫째, 산출요소는 2003년도 우편소통품질 종합평가결과를 정리한 6가지 요소를 사용하였는데 이 중 과오근절, 운송효율성, 정시소통률 및 현지평가는 비계량평가요소이며, 평가결과의 객관성이 충분하지 못한 요소이다.

둘째, 전방접근법 또는 후방접근법 등 분석적 기법을 사용하여 요소를 선정하지 않고 연구자의 주관적 판단에 의하여 선정함으로써 투입요소 및 산출요소가 객관적으로 선정되지 않았다.

셋째, 투입요소를 우편기계, 운영인력 및 비정규직 예산으로 설정함으로써 우편집중국 운영에 필수적인 대지 및 건물의 면적 등은 검토하지 않았다.

넷째, DMU 22개에 비하여 투입요소 3개 및 산출요소 6개로서 일반적으로 투입요소 및 산출요소의 수는 DMU 수의 1/3 미만이어야 한다는 원칙에 부합하지 않으며, 이러한 경우에 CCR 모형 분석을 하면 효율적(효율성 점수 1)인 DMU가 다수 나타날 수 있다.

다섯째, CCR 모형을 사용하여 효율성을 분석한 결과 효율적인 우편집중국이 6개 나타났으나, 이들의 효율성 점수 순위를 판별할 수 있는 방법을 고려하지 않았다.

여섯째, CCR 모형에 의한 분석은 정태적 상황하에서 일정 시점의 효율성을 분석한 것이며, 동태적 상황하에서 일정 기간의 효율성 변화를 분석하지 않았다.

이재설·고현우(2008a)는 사전에 설정된 가중치 5%의 계량평가지표와 가중치 95%의 비계량평가지표로 구성된 우편집중국의 경영평가지표가 객관성이 저하될 수 있는 문제를 가지고 있으므로 이 문제를 해결하기 위한 대안으로 DEA 기본모형인 CCR 모형 및 BCC 모형을 사용하여 22개 우편집중국의 2007년도 운영효율성을 분석하였으며, 이와 아울러 비효율적인 우편집중국의 개선방안도 제시하였다.

이 연구에서 투입요소로 대지면적, 건물면적, 소형통상구분기 수, 정규직원 수, 비정규직원 수 및 비용을, 산출요소로 처리물량 및 매출액을 사용하였다. 그러나 이 방법은 효율적(효율성 점수 1)인 DMU가 다수 나타나 효율성 점수 순위를 판별할 수 없는 경우가 발생하는 문제가 있다.

이재설 · 고현우(2008b)는 DEA – AR 모형을 사용하여 2007년도 22개 우편집중국의 효율성을 분석하였다. 이는 DEA 기본모형 실행결과 효율적인 DMU가 다수 나타나 효율성 점수 순위를 판별하기 곤란한 경우가 발생하였고, DEA 실행결과 생성되는 가중치가 투입 · 산출의 상대적 가치체계에 비추어 수용 가능한 범위를 벗어나거나 사전지식과 모순될 수도 있으므로 이를 해결하기 위하여 의사결정자의 가치판단을 효율성 평가과정에 반영하기 위한 것이었다. 투입요소 및 산출요소는 이재설 · 고현우(2008a)에서 사용하였던 자료를 그대로 사용하였으며, 우편집중국에 대한 전문지식을 가지고 있는 전 · 현직 우편집중국장 및 우편집중국의 과장 · 계장들을 대상으로 쌍대비교 설문조사를 실시한 후 AHP 결과를 활용하여 AR을 설정하였다. 그러나 이 방법은 응답자의 주관적 판단이 객관적으로 이루어져야 할 DMU의 효율성 분석에 영향을 주는 한계가 있다.

이재설 · 고현우(2009a)는 교차효율 분석을 사용하여 2007년도 22개 우편집중국의 운영효율성을 분석하였으며, 투입요소 및 산출요소는 이재설 · 고현우(2008a)에서 사용하였던 자료를 그대로 사용하였다. 이는 DEA 기본모형을 사용하였을 경우에 다수의 효율적인 DMU가 나타나 효율성 점수 순위판별이 곤란한 문제와 DEA – AR 모형을 사용할 경우에 주관적 판단이 효율성 분석에 영향을 미칠 수 있는 문제를 해결하여 분석의 객관성을 높일 수 있는 방법이다. 그러나 이 방법은 DMU 수가 증가할 경우 계산량이 증가하는 문제점이 있다.

이재설·고현우(2009b)는 cone－ratio DEA 모형을 사용하여 2008년도 24개 우편집중국의 효율성을 분석하였다. 효율성 분석에 있어서 투입요소 및 산출요소의 선정방법은 대단히 중요함에도 불구하고 선행연구들이 이를 명확히 하지 못한 문제가 있다고 판단하여 이 연구에서는 판단적 심사 및 후방단계적 접근법을 사용하여 투입요소 및 산출요소를 선정하였다. 투입요소로 건물면적, 소형통상구분기 수 및 비정규직원 수를, 산출요소로 처리물량을 선정하였다. Cone－ratio DEA 접근법으로는 CCR DEA 실행결과 효율적으로 나타난 DMU의 투입·산출요소의 가중치를 사용하여 투입·산출자료를 변환한 후 변환된 자료를 사용하여 다시 CCR DEA를 실행하는 방법과 투입·산출요소에 대한 의사결정자의 선호순서를 반영하여 CCR DEA를 실행하는 방법을 사용하였다. 분석결과 후자가 더 바람직한 것으로 판단하였다. 그러나 이 방법은 투입·산출요소의 수가 증가할수록 계산량이 급격히 증가하는 문제점이 있다.

이재설·고현우(2009c)는 윈도우분석 및 맘퀴스트 생산성지수를 사용하여 24개 우편집중국에 대한 2008년 1/4분기부터 4/4분기까지의 효율성 및 생산성의 변화를 분석하고 생산성의 개선방안을 모색하여 보았다. 우편집중국 효율성 분석에 관한 선행연구들이 정태적 상황하인 일정 시점의 효율성을 분석한 것으로서 일정 기간의 효율성 변화를 분석하지 못하였기 때문에 동태적 또는 시간종속적 상황하의 효율성 및 생산성의 변화를 분석하였다. 이 연구에서 투입요소 및 산출요소는 이재설·고현우(2009b)에서 사용하였던 건물면적, 소형통상구분기 수, 비정규직원 수 및 처리물량을 사용하였으며, 이 요소들에 대한 투입수량 및 산출수량은 2008년 각 분기 말 우편집중국별 현황 또는 실적을 사용하였다.

우편집중국 외에 이와 유사한 우편서비스 또는 우체국 등에 관하여 DEA 모형을 사용하여 효율성을 분석한 선행연구들이 있다. 백경민(2001)은 DEA 모형을 사용하여 전국 213개 주요 우체국에 대하여 우편부문 및 금융부문으로 구분하여 상대적 효율성을 측정하였다. 이 연구에서 우편부문의 투입요소로 우편창구 수, 우편창구현원, 우편발착·집배현원 및 우편영업비를, 산출요소로 우편영업수익, 국내일반통상우편물 수, 국제일반통상우편물 수 및 배달우편물 수를 사용하였고, 금융부분의 투입요소로 금융창구 수, 체신금융현원, 지급이자 및 금융영업비를, 산출요소로 금융영업수익, 체신예금유지계좌합계, 체신예금연평잔실적, 보험유지건수, 보험보유계약고, 순보험 신계약건수 및 순보험 신계약고를 사용하였다.

장정무(1999)는 DEA 모형을 사용하여 일선우체국의 운용 효율성을 평가하면서 투입요소로 공통영업비, 우편영업비, 금융영업비, 직원수, 관할면적, 관할가구 수 및 고정자산을, 산출요소로 우편영업수익, 금융영업수익, 보험수지차, 예금연평잔고, 배달·중계우편물 수 및 현금출납건수를 사용하였다.

최중범 외(2004)는 DEA 모형을 사용하여 OECD 국가의 우편사업의 기술효율성과 국내 우체국의 기술효율성을 비교하였다. OECD 국가의 우편사업의 기술효율성을 분석하기 위하여 투입요소로 정규인력수, 우체국 수 및 우체통 수를, 산출요소로 서장우편물 수와 운영수익을 사용하였으며, 국내 우체국의 기술효율성을 비교하기 위하여 투입요소로 대지면적, 건물면적 및 우체국 종사자 수를, 산출요소로 배분우편수익, 가중접수물량 및 가중배달물량을 사용하였다.

Maruyama and Nakajima(2002a)는 일본의 47개 지역 및 1,145개 배달우체국의 우편사업의 기술효율성을 측정하면서 지역의 경우 투입요소로 우편종사원 수 및 우체국 건물면적을, 산출요소로 수집물 수(규격, 규격 외, 특별취급 및 소포우편물)를 사용하였으며, 우체국의 경우 투입요소로 우편종사원 수 및 우체국 건물면적을, 산출요소로 보통서장우편물의 수집물량, 배달물량, 수집·배달물량을 사용하였다.

또한 Maruyama and Nakajima(2002b)는 DEA 모형을 사용하여 호주등 20개 선진국 우편사업의 기술효율성 및 총요소생산성을 측정하면서 투입요소로 우편종사원 수, 우체국 수, 트럭 및 자동차 수를, 산출요소로 국내서장우편물량, 가정배달 국내우편물량 및 실질우편수입을 사용하였다.

2. 효율성

2.1. 효율성 및 생산성의 개념

일반적으로 투입에 대한 산출의 비율을 의미하는 효율성(efficiency) 및 생산성(productivity)에 관하여 여러 학자들이 의견을 제시하고 있다. Farrell(1957)에 의하면, 효율성은 기술효율성(technical efficiency), 가격효율성(price efficiency) 및 총괄효율성(over all efficiency)으로 구분된다.

기술효율성은 주어진 투입집합으로부터 최대의 산출을 생산하는 것으로 기업의 성공을 평가하며, 가격효율성은 최적의 투입집합을 선택하는 것으로 기업의 성공을 평가한다. 총괄효율성은 기술효율성과 가격효율성이 결합된 개념이다.

Hatry(1980)에 의하면, 효율성은 생산된 산출의 총계에 대하여 요구되는 투입의 총계의 관계를 의미하며, 효과성(effectiveness)은 서비스가 그의 목적을 달성하는지 그리고 어떻게 사회의 요구에 응하는지에 대한 서비스 전달의 품질 및 영향을 의미한다. 효과성의 측정은 목적을 달성하였는가와 서비스의 영향 및 품질을 측정하기 위하여 사용된다. 효율성 측정은 일반적으로 산출의 총계에 대한 투입 또는 서비스에 적용된 자원 총계의 관계로 정의된다. 투입에 대한 산출의 비율은 전형적으로 생산성 측정으로 명칭을 붙인다. 반대로 산출에 대한 투입의 비율은 효율성 또는 단위원가(unit-cost) 측정이라 부른다.

Charnes et al.(1981)에 의하면, DMU는 다음 중 어느 것에도 해당되지 않는 경우에 한해서 효율적인 것으로 간주할 수 있다.

첫째, 산출지향(output oriented)의 경우에 있어서, 어떤 DMU가 만약 어떤 다른 투입의 증대 없이 그리고 어떤 다른 산출의 감소 없이 어떤 산출을 증대할 가능성이 있다면 효율적이지 않다.

둘째, 투입지향(input orientation)의 경우에 있어서, 어떤 DMU가 만약 어떤 다른 투입의 증대 없이 그리고 어떤 산출의 감소 없이 어떤 투입을 감소할 가능성이 있다면 효율적이지 않다.

그리고 이들은 효율성을 계획효율성(program efficiency)과 경영효율성(managerial efficiency)으로 구별하였다. 전자는 상이한 기능들 간의 교차계획비교(cross-program comparison)를 포함하며, 후자는 적절한 기능 또는 계획하에서 경영적 행태와 관련하여 측정된다.

Chandler and Plano(1982)에 의하면, 생산성은 재화나 용역을 생산하는 데 있어서의 효율성 또는 특정 기간 동안 생산에 소비된 자원인 투입과 하나의 조직에 의하여 제공된 용역 또는 생산된 단위인 산출 간의 비율을 의미한다.

Charnes and Cooper(1985)에 의하면, 경영성과의 평가(evaluations) 및 감사(audit)에 있어서 적절성(propriety)은 추구된 목표와 사용된 방법, 효과성은 정해진 목표와 달성된 목표, 효율성은 달성된 편익과 이용한 자원으로 활동을 구별한다. DEA에 있어서 어떤 DMU에 대한 100% 효율성은 다음과 같은 때에만 달성된다고 정의하였다.

첫째, 투입의 1 이상의 증가 없이 또는 다른 산출의 일부 감소 없이 DMU의 산출이 증가될 수 없을 때.

둘째, 산출의 일부 감소 없이 또는 다른 투입의 일부 증가 없이 DMU의 투입이 감소될 수 없을 때.

Sun(1988)에 의하면, 조직의 성과는 보통 적절성, 효과성 및 효율성의 세 가지 관점에서 묘사되고 측정되며 평가된다. 적절성은 한 조직의 목표가 올바르게 수립되고 수행되었는가와 관련이 있다. 효과성은 목표를 운영목표와 하부목표로 해석하는 능력으로 정의된다. 이것은 주로 설정된 목표의 달성과 관련이 있다. 효율성은 어떻게 최소의 낭비로 목표를 달성하느냐로 정의된다. 공식목표(stated goals)가 주어지면 성과효율성(performance efficiency)은 기술효율성(technical efficiency), 규모효율성(scale efficiency) 및 배분효율성(alloca- tive efficiency)의 세 가지 기본 구성요소로 분해된다.

박동서(1989)에 의하면, 투입에 대한 산출의 비율은 전형적으로 효과성, 능률성(efficiency) 및 효율성으로 구별하지 않고 사용되기도 하나, 효과성은 목표달성도(degree of goal achievement)를 의미하며, 능률성은 이를 달성하는 과정에서의 경제성 또는 비용의 절감·절약 또는 투입 대 산출의 비율을 의미하며, 효율성은 이 양자(effectiveness and efficiency)를 동시에 의미하기도 한다. 생산성은 단순히 일이 이루어지는 과정의 비용을 적게 한다는 의미의 능률성만이 아니라 결과의 질이나 내용을 중시하는 의미의 효과성을 동시에 내포하는 것으로 해석되기도 한다.

Lovell(1993) 및 Fried et al.(2008)에 의하면, 생산단위의 성과를 이야기할 때 어느 정도 효율적이냐 또는 어느 정도 생산적이냐를 말하는 것은 일반화되어 있다. 생산단위의 생산성은 투입에 대한 산출의 비율을 의미하며, 생산단위의 효율성은 투입과 산출의 관측된 최적의 가치 사이의 비교를 의미한다.

박승록(2002)에 의하면, 최근까지 생산성을 측정하기 위한 계량모형들은 생산성 변화를 추정하면서 효율성 변화를 무시하여 왔다. 생산성 변화란 원래 생산기술의 변화(중립적 기술변화)를 의미하였으나 나중에는 기술변화의 형태와 기술의 구조(규모의 경제)를 포괄하는 의미로 사용되었다. 생산성 변화는 이를 기술변화, 규모의 경제효과 및 기술효율성 변화라는 요인으로 분해할 수 있다.

연소공학(combustion engineering)에서 효율성은 사용된 연료로부터 나올 수 있는 최대열량에 대해 주어진 장치에서 나온 실제 열량의 비율이며, 이는 다음과 같이 표현할 수 있다(Charnes et al., 1978).

$$E = \frac{y_r}{y_R}$$

여기서 E_r은 효율성이고, y_R은 주어진 연료의 투입으로부터 얻을 수 있는 최대 열이며, y_r은 동일한 연료의 투입으로부터 측정되는 투입에 의하여 얻어지는 열이다. 그리고 측정치는 최대 가능성과 관계되어 언제나 $0 \leq E_r \leq 1$이다.

효율성이란 특정 조직이 제한된 자원 내에서 최대의 산출물을 창출해 내는 생산기술을 말한다. 일반적으로 '투입과 산출의 비율'이라는 좁은 의미로 자주 사용되는 기술효율성은 조직의 내적 운영에 대한 평가로서 생산요소의 가변성과 대체 가능성을 전제로 투입·생산요소의 여러 가지 조합을 통하여 최대의 생산량을 얻는 생산방법을 말한다. 즉 생산 대상인 재화를 어떤 방법으로 생산할 것인지, 자본과 노동의 투입비율을 어떻게 결정할 것인지 또는 어떤 기계와 원료를 선택할 것인지 등 기술적 효율을 최대화하는 모든 방법을 말한다. 따라서 효율적인 조직이란 이러한 기술효율성을 달성한 조직으로 특정 과업을 수행할 때 최소한의 자원투입으로 주어진 목표를 달성하는 조직을 말한다.

기업의 생산활동에 비효율성(inefficiency)이 존재함을 인지하고 이를 측정할 필요가 있음을 밝힌 Farrell(1957)에 의하면 일정한 기술수준에서 주어진 생산요소의 투입에 의해 가능한 최대의 산출을 달성하지 못하는 정도를 기술비효율성(technical inefficiency)이라고 정의하였다 (박만희, 2008).

일반적으로 생산성은 산출/투입으로 정의할 수 있다. 생산과정에 하나의 투입요소와 하나의 산출요소만 관련되어 있다면 생산성 계산은 아주 간단하다. 그러나 둘 이상의 투입요소가 존재하는 경우에는 투입요소들을 단일투입지표로 종합하기 위해 생산성 비율척도 방법을 사용해야 한다. 다수 산출요소인 경우에도 동일한 문제가 발생한다. 생산성 척도를 구성하기 위해 투입요소들(혹은 산출요소들)을 종합하는 방법에는 다양한 기법들이 존재한다. 생산성을 언급할 때 그 의미는 생산의 모든 요소가 반영된 생산성 척도인 총요소생산성(total factor productivity)을 나타낸다. 공장에서의 노동생산성, 발전소에서의 연료생산성, 농장에서의 토지생산성과 같은 전통적인 생산성 척도는 생산성의 부분 척도로 알려져 있는 것들이다. 이런 부분 생산성 척도를 독립적으로 고려하면 전체 생산성에 대한 잘못된 지표를 제공할 수도 있다.

생산성과 효율성이란 용어는 혼용되기도 하지만 엄격한 의미에서 동일한 것은 아니다. 두 용어들 간의 차이는 단일 산출물(y)을 생산하기 위하여 단일 투입물(x)을 이용하는 간단한 생산공정을 고려하여 설명될 수 있다. <그림 Ⅲ-1>에서 OF'은 투입과 산출 간의 관계를 정의하는 데 사용할 수 있는 생산변경(production frontier)을 나타낸다. 생산변경은 개별 투입물 수준으로부터 달성 가능한 최대 산출을 의미하고 이는 해당 산업의 현재 기술수준을 반영하고 있다. 특정 산업에 속한 기업이 기술적으로 효율적인 기업이라면 생산변경상에서 운영되고 있고, 기술적으로 비효율인 기업이라면 생산변경하에서 운영되고 있는 것이다. 점 B와 점 C는 효율적인 점을 나타내고 점 A는 비효율적인 점을 의미한다. 점 A에서 운영되고 있는 기업은 추가적인 투입 없이도 점 B와 동일한 산출수준으로 증가시킬 수 있기 때문에 비효율적이다. 점 C는 점 A에 비해 보다 적은 투입으로 동일한 수준의 산출물을 생산할 수 있다.

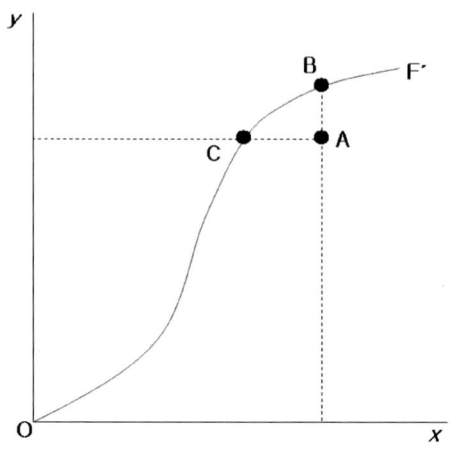

〈그림 Ⅲ-1〉 생산변경 및 기술효율성

모든 투입·산출 조합의 집합이 가능한 생산가능집합의 개념을 <그림 Ⅲ-1>을 이용하여 설명한다. 이 집합은 생산변경 OF'과 x 축 사이에 존재하는 모든 점으로 구성된다. 생산변경상의 점들은 생산가능집합에서 효율적인 부분집합이라고 정의할 수 있다. 생산기술을 집합으로 표현함으로써 얻을 수 있는 이점은 다수투입·다수산출 생산함수와 거리함수 사용을 논의할 때 더욱 분명해진다.

<그림 Ⅲ-2>를 이용하여 기술효율성과 생산성 간의 차이를 설명하고자 한다. 그림에서 특정 데이터에 대한 생산성을 측정하기 위하여 원점을 통과하는 직선을 고려해 보자. 직선의 기울기는 $\frac{y}{x}$이고 이것은 생산성 척도로 이용된다. 점 A에서 운영 중인 기업이 기술적으로 효율적인 점 B로 이동하였다면 직선의 기울기는 커지고 이는 점 A보다 높은 생산성을 의미한다. 그러나 점 C로 이동하면 원점으로부터의 방사선의 기울기가 가장 크므로 최대 생산가능점을 나타낸

다. 점 A에서 점 C로의 이동은 규모의 경제성을 살펴볼 수 있는 한 예라고 할 수 있다. 점 C는 기술적으로 최적규모를 나타내고, 이는 생산변경상의 다른 어떤 점도 점 C보다 생산성이 낮음을 의미한다. 즉 기술적으로 효율적인 기업도 규모의 경제성을 검토하면 생산성을 향상시킬 수 있다. 따라서 기업의 운영규모를 단기간에 변경하여 달성하는 것이 어렵다고 할 때 기술효율성과 생산성은 단기와 장기적 관점에서 구분하여 해석할 필요가 있다.

위에서 논의된 내용에서는 시간요소를 고려하지 않았다. 시간에 따른 생산성 변화를 비교·분석하고자 할 때에는 기술적 변화라고 부르는 생산성 변화의 추가적인 요소를 고려해야 한다. 이것은 생산변경이

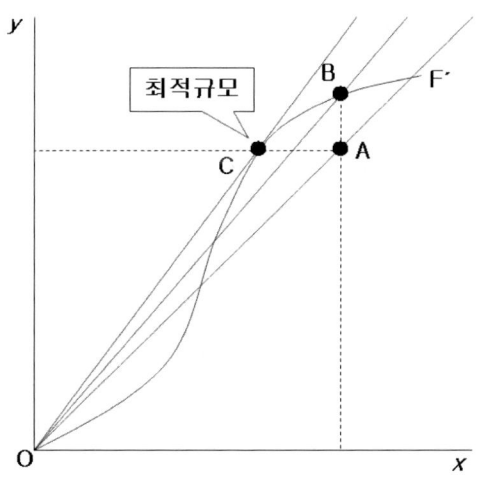

〈그림 Ⅲ-2〉 생산성, 기술효율성 및 규모의 경제

위쪽으로 이동함으로써 표현할 수 있는 기술진보와 관련이 있다. 이 개념은 기간 t일 때 OF_t'에서 기간 $t+1$일 때 OF_{t+1}'로 생산변경이 이동하였다는 것을 의미하며 <그림 Ⅲ-3>에 나타나 있다. 개별 투입요소 수준에서 기간 $t+1$인 모든 기업들은 기간 t에서 가능한 산출에 비해 상대적으로 보다 많은 산출물을 기술적으로 생산할 수 있다. 기술변화의 한 예는 공장의 생산 잠재력을 확장하기 위해 화력발전용 신규 보일러를 도입하는 것이다. 체화(embodied) 기술변화의 예는 기술변화가 자본 투입요소에 체화된 경우이고, 비체화(disembodied) 기술변화는 농업에서 콩과 밀의 윤작방식 도입이 하나의 예라고 할 수 있다. 한 기업이 두 개 연도에 걸쳐 생산성이 증가했는지를 분석하고자 할 때, 생산성 변화가 효율성 변화에 의한 것인지, 기술변화에 의한 것인지, 규모의 경제에 의한 것인지 혹은 이러한 세 가지 요인이 복합적으로 작용하여 발생한 것인지 그 원인을 파악할 필요가 있다.

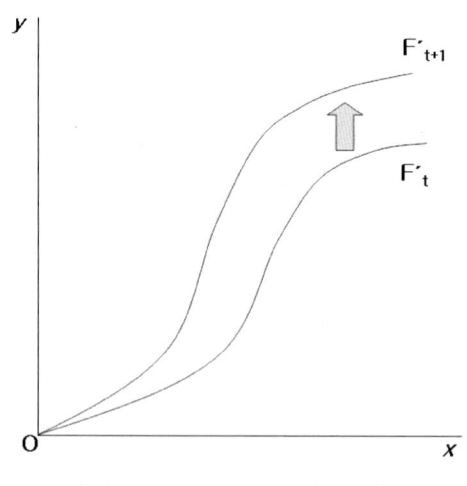

〈그림 Ⅲ-3〉 두 기간 간의 기술변화

위에서 언급한 내용에서는 비용과 이익(수익) 같은 사항들은 고려하지 않았다. 만약 가격에 대한 정보를 이용할 수 있다면 비용최소화 혹은 이익극대화 같은 목표설정이 가능하므로 이런 정보를 반영하여 성과척도를 도출할 수 있다. 이런 경우에 기술효율성과 더불어 배분효율성을 고려할 수 있다. 투입측면의 배분효율성은 최소비용으로 주어진 산출량을 생산할 수 있는 투입요소(노동과 자본) 혼합전략의 선택과 관련이 있다. 전체 경제적 효율성 척도를 제공하기 위해서는 배분효율성과 기술효율성이 동시에 고려되어 사용되어야 한다(박만희, 2008).

2.2. Farrell의 효율성

Farrell(1957)은 Koopmans(1951)와 Debreu(1951)의 영향을 받아 효율성을 실증적으로 측정하기 위한 연구를 시도하였다. Koopmans는 생산기술을 생산가능집합(production possibility set)으로 표현하고 생산가능집합의 효율적 부분집합을 정의하였다. Farrell은 기업(생산가능집합의 하나의 원소)의 효율성을 그 기업이 효율적 집합에서 떨어져 있는 거리로 측정할 수 있다는 생각을 하고 거리개념을 기초로 하는 효율성 측정방법을 제시하였다. 이와 더불어 Farrell은 기업의 효율성이 물리적 요소와 경제적 요소에 의해 결정되는 것으로 생각하였다. 물리적 요소는 기업이 주어진 투입량에서 최대의 산출을 생산하는 능력을 나타내는 기술효율성이고 경제적 요소는 기업이 요소가격의 관점에서 최적 투입결합을 결정하는 능력을 나타내는 가격효율성이며 이

두 가지 효율성이 결합하여 기업의 총체적 효율성인 총괄효율성을 결정한다는 것이다(김건위, 2006; 김성호 외, 2007; 유금록, 2004; Farrell, 1957).

(1) Farrell의 투입효율성

Farrell은 <그림 Ⅲ-4>에 나타낸 등량도(isoquant diagram)를 이용하여 기술효율성, 가격효율성 및 총괄효율성의 개념을 정의하면서 다음과 같은 두 가지 내용을 가정하였다. 첫째, 생산가능집합은 불변규모수익(constant returns to scale)의 성격을 갖는다는 것이다. Farrell은 산출량을 일정한 값으로 고정시킨 상태에서 <그림 Ⅲ-4>와 같은 투입공간(input space)에서 효율성을 정의하였다. 따라서 자신이 정의한 효율성 개념을 모든 산출수준에 적용하기 위해서는 불변규모수익 가정이 필요했다. 둘째, 未知의 實在(unknown true underlying) 생산가능집합의 효율적 집합이 주어진 것으로 가정하였다.

<그림 Ⅲ-4>는 산출량을 1단위로 고정시킨 투입공간이다. 점 P는 효율성을 측정하고자 하는 기업을 나타내며 이 점의 좌표는 이 기업이 1단위 산출을 생산하기 위하여 사용한 첫 번째 투입요소 x_1의 사용량과 두 번째 투입요소 x_2의 사용량이다. 다른 점들의 좌표도 같은 방식으로 해석하면 된다. <그림 Ⅲ-4>에서 곡선 SS'의 우상향 부분은 산출수준이 1단위로 고정된 생산가능집합이며 곡선 SS'은 Koopmans의 효율성 조건을 만족하는 효율적 부분집합이다. 효율적 부분집합 SS'은 생산가능집합의 경계를 형성하기 때문에 생산변경(production frontier) 또는 변경(frontier)이라고 한다.

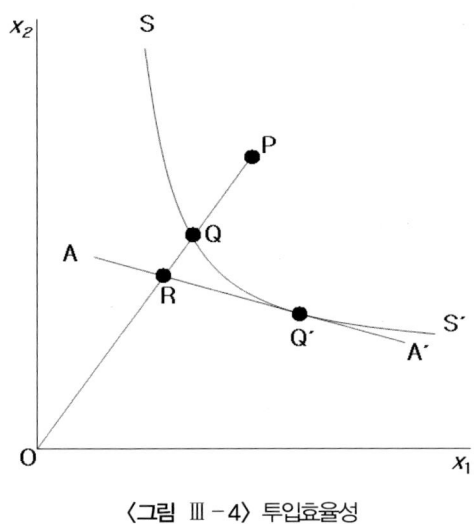

〈그림 Ⅲ-4〉 투입효율성

원점 O와 P를 연결하는 직선에 놓여 있는 기업들은 모두 투입요소 사용량의 비율이 P와 동일하다. Q는 두 생산요소를 P가 사용하는 양의 수준만을 사용하면서 같은 양의 산출을 생산하고 있다. 따라서 비율 OQ/OP를 기업 P의 기술효율성으로 정의할 수 있다. 이 비율은 P가 변경 SS'에 접근할수록 1에 가까워지고 멀어질수록 0에 가까워지는 특성을 갖는다. 즉 $0 \leq OQ/OP \leq 1$을 만족한다.

<그림 Ⅲ-4>에서 생산요소의 가격을 고려해 보자. 요소가격은 주어져 있는 것으로 가정하고 직선 AA'는 두 생산요소 가격의 비율을 나타내는 등비용선(iso-cost line)이라 하자. 등비용선은 위쪽으로 이동할수록 비용이 높아진다. Q'의 비용은 Q의 비용보다 저렴하다. 변경 SS'에 속해 있는 모든 점들은 100%의 기술효율성을 가지고 있지만 등비용선 AA'과 접해 있는 Q'의 비용이 가장 저렴하다. 따라서 경제적 관점에서 볼 때 Q'이 최적의 투입결합이다. Q'이 지불하

는 비용은 Q가 지불하는 비용의 OR/OQ배이다. 이 비율은 자연스럽게 Q의 가격효율성으로 정의될 수 있다. 효율성 측정대상인 P가 자신의 기술효율성은 일정한 상태로 유지하면서 투입요소 사용량의 비율을 Q'의 비율과 같도록 조정한다면 요소가격이 일정함을 전제로 했을 때 P가 지불하는 비용은 현재 수준의 OR/OQ배로 줄어들게 된다. 따라서 이 비율은 P의 가격효율성으로도 정의될 수 있다.

P가 기술적인 측면 및 경제적인 측면에서 모두 완전한 효율성을 갖기 위해서는 지출비용이 현재 지불하고 있는 비용의 OR/OP배로 줄어들어야 한다. Farrell은 이 비율을 P의 총괄효율성으로 정의하고 총괄효율성, 기술효율성 및 가격효율성 간에 다음과 같은 관계가 있음을 제시하였다.

$$\frac{OR}{OP} = \frac{OQ}{OP} \times \frac{OR}{OQ}$$

(2) Farrell의 산출효율성

<그림 Ⅲ-4>는 투입공간에서 Farrell이 정의한 효율성 개념을 나타내고 있으며 이 내용을 산출공간에 대칭적으로 적용하여 동일한 개념들을 정의할 수 있다.

<그림 Ⅲ-5>는 투입량을 1단위로 고정시킨 산출공간(output space)이다. 이 그림에서 사용된 기호들은 수직축과 수평축에서 산출물을 나타내는 y_1, y_2만을 제외하면 <그림 Ⅲ-4>의 기호와 동일하다. <그림 Ⅲ-5>에서 곡선 SS'과 수직축 및 수평축으로 형성되는 부분은 투입수준이 1단위로 고정된 생산가능집합이고 곡선 SS'은 생

산변경이다.

원점 O에서 시작해 P를 통과하는 직선상에 놓여 있는 기업들은 모두 산출량의 비율이 P와 동일하다. Q는 P와 같은 투입량으로 P의 산출량의 OQ/OP배를 생산하고 있다. 따라서 비율 OQ/OP를 기업 P의 기술효율성으로 정의할 수 있다. 이 비율은 P가 변경 SS'에 접근할수록 1에 가까워지고 멀어질수록 ∞에 가까워지는 특성을 갖는다. 즉 $1 \leq OQ/OP \leq \infty$를 만족한다.

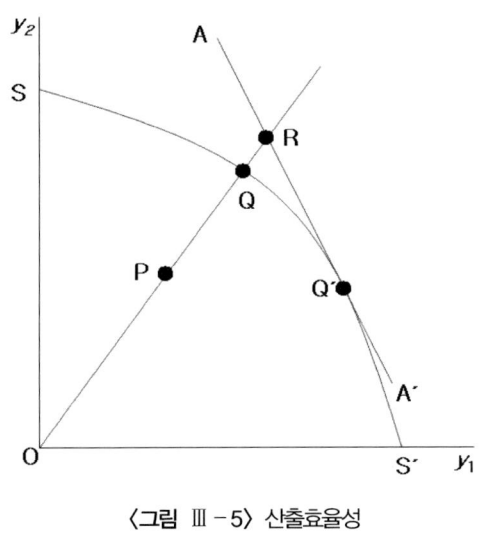

〈그림 Ⅲ-5〉 산출효율성

<그림 Ⅲ-5>에서 산출물의 가격을 고려해 보자. 산출물의 가격은 주어져 있는 것으로 가정하고 AA'의 기울기가 두 산출물의 가격의 비율을 나타내는 등수익선(iso-revenue line)이라 하자. Q'의 수익은 Q의 수익보다 높다. 따라서 Q' 및 Q를 포함한 변경 SS'에 속해 있는 모든 점들이 100%의 기술효율성을 가지고 있지만 이들 중 경제

적인 관점에서 볼 때 Q'이 최적의 산출결합이 된다. Q'의 수익은 Q의 수익의 OR/OQ배가 되며 이 비율은 자연스럽게 Q의 가격효율성으로 정의될 수 있다. 효율성 측정대상 P가 자신의 기술효율성은 일정한 상태로 유지하면서 산출물 생산량의 비율을 Q'의 비율과 같도록 조정한다면 산출물의 가격이 일정함을 전제로 했을 때 P의 수익은 현재 수준의 OR/OQ배로 증가하게 된다. 따라서 이 비율은 P의 가격효율성으로 정의될 수 있다.

  P가 기술적인 측면 및 경제적인 측면에서 모두 완전한 효율성을 갖기 위해서는 총수익이 현재 수익의 OR/OP배 수준으로 높아져야 한다. 이 비율을 P의 총괄효율성으로 정의할 수 있다. 총괄효율성, 기술효율성 및 가격효율성 간에 다음과 같은 관계가 성립한다.

$$\frac{OR}{OP} = \frac{OQ}{OP} \times \frac{OR}{OQ}$$

  즉 총괄효율성＝기술효율성×가격효율성의 관계가 성립된다.

  Farrell은 기술효율성, 가격효율성 및 총괄효율성 등을 구별하여 정의하였으나 그의 주된 관심은 기술효율성을 측정하는 데 있었다. 실제로 그는 자신이 제안한 효율성 개념의 유용성을 증명하기 위해 미국의 농업생산자료를 이용한 실증분석을 실시하면서 기술효율성을 측정한 바 있다. 가격 및 총괄효율성의 측정은 비용최소화, 수익최대화 및 이윤최대화와 같은 기업의 경제적 목적을 사전에 가정해야 하며 또한 투입요소 및 산출물의 시장가격에 관한 정보를 필요로 한다. 기업의 총체적 효율성을 측정하기 위한 노력의 일환으로 기술효율성

과 더불어 가격효율성을 함께 고려하기 위한 연구도 이루어지고 있
으나 대부분은 기술효율성 측정에 초점을 두고 있다.

2.3. 효율성 측정방법

효율성을 측정하는 방법은 크게 함수적 접근법, 비율분석법 및 생
산성 지수법으로 구분할 수 있다(박만희, 2008; 손승태, 1993; 유금록,
2004).

(1) 함수적 접근법

함수적 접근법에는 크게 회귀분석, Cobb - Douglas 모형 및 지수법
(index approach)이 있다. 회귀분석은 독립변수와 종속변수의 선형결합
관계를 유도함으로써 독립변수와 종속변수 간의 상호 관련성 여부와
상관관계가 있을 경우 그 관계가 어느 정도인지를 알 수 있게 해 주
며 변수들 간의 종속관계의 성격을 설명해 주는 기법이다. 일반적으
로 하나의 투입변수는 하나의 산출 또는 여러 개의 산출물의 조합에
의하여 설명될 수 있다. 회귀분석은 효율적인 투입 · 산출 간의 관계
가 명확하지 않은 분야에서 생산관계를 파악하는 데 사용되어 왔으
며, 특정변수에 대한 회귀식으로 추정되므로 특정변수 외의 많은 정
보는 반영되지 못한다는 문제가 있다. 회귀분석모형은 선형회귀모형
과 비선형회귀모형으로 구분할 수 있으며, 전자는 총비용함수를 가법
적 모형으로 표현한 것이고 후자는 총비용함수를 곱의 모형으로 표
현한 것이다.

가장 보편적으로 사용되는 방법은 최소자승법에 기초한 회귀모형이다. 최소자승법이란 회귀식으로부터 계산된 종속변수의 예측치(Z)와 실제 관측치(Y)의 차이를 오차(e)라고 할 때 이 오차들의 제곱합이 최소가 되게 하는 회귀식을 구하는 방법으로 다음 조건식을 충족시키는 것을 말한다.

$$\min \sum e^2 = \min \sum (Y - Z)^2$$

DMU의 효율성 측정은 선형회귀모형을 이용하여 가능한데 총비용은 개별 DMU가 생산하는 산출의 함수로 추정할 수 있다. 즉 $C(y, w) = f(y, w)$, 이때 y는 산출량, w는 투입요소가격이 되며 회귀식으로 표현하면 다음과 같다.

$$C = \alpha + \beta_1 y_1 + \beta_2 y_2 + \cdots + \beta_n y_n + e$$

여기서, C는 총비용, α는 계수, β는 모형에서 추정되어야 할 계수, y는 산출량, e는 오차항을 의미한다.

Cobb-Douglas 모형은 총생산물 지수의 함수형태인 $Q = aL^a K^\beta$를 일반화한 모형이다. 실증분석에 사용 시 위 식의 양변에 log를 취한 후 회귀분석 방법을 사용하여 상수 값과 지수를 추정하여 사용한다. 생산함수에 대한 가정에서 유도된 회귀식의 추세치와 실제 값을 비교하여 유리·불리 또는 효율·비효율의 정도를 파악하는 방법이다.

(2) 비율분석법

비율분석법은 기업의 재무 및 경영실적을 평가하는 데 널리 사용되는 분석방법으로 경제적으로 의미가 있는 재무제표를 이용하여 기업의 경제적 실태를 설명해 줄 수 있는 재무비율을 계산한 후 기업의 재무상태와 경영성과를 파악하고자 하는 가장 중요한 경영분석기법이다. 일반적으로 비율분석은 재무제표를 바탕으로 도출한 재무비율을 이용하여 자체적 기준 또는 산업표준비율과 비교하거나 재무비율 추이를 관찰하여 기업의 수익성, 유동성, 안정성 및 성장성 등을 평가한다. 재무비율과 비재무비율을 이용할 수 있으나 비재무비율은 기업 간 표준화된 자료를 얻기가 용이하지 않으므로 한계가 있다. 대부분 회계자료를 이용한 재무비율분석 자료를 주로 사용하고 있으며 비재무비율분석은 보완적으로 사용하고 있다. 이 방법은 다른 분석기법과 병행하여 사용되고 있으나 다음과 같은 이유로 인해 널리 사용되고 있다.

첫째, 이해가 용이하다. 비율분석은 적용이 간단하며 이해가 쉽기 때문에 전문지식이 확립되어 있지 않은 사람도 쉽게 사용할 수 있다.

둘째, 시간과 원가를 절감할 수 있다. 연말이나 회기 말(會期末)에 이미 작성된 요약정보를 사용함으로써 분석을 위한 추가 자료의 수집이 거의 필요 없다.

셋째, 예비분석을 위한 도구로 사용이 가능하다. 구제직이고 복잡한 분석을 하기 이전에 예비분석 수단으로 비율분석이 많이 이용되고 있다.

이러한 장점에도 불구하고 비율분석법은 각종 비율지표들 간의 가

중치가 평가자의 자의적 판단에 따라 결정되거나 관계비율 분석결과
가 다르게 나타날 경우 객관적 기준에 의한 종합평가가 어렵고, 경영
성과에 대한 부분적인 비율분석치만을 가지고 전체적인 투입－산출
에 대한 효율성을 규명하기가 어려우며, 단기적 성과에 치중하여 장
기적 성장에 기여하는 경영자의 경영활동의 가치나 현재의 성과와
반대로 미래에 영향을 미칠 수 있는 투자결정의 가치를 평가할 수 없
다는 단점을 가지고 있다.

(3) 생산성 지수법

생산성을 측정하는 지수법은 산출을 물량기준으로 하는가 아니면
금액기준으로 하는가에 따라 물적 생산성과 가치 생산성으로, 투입을
단일 생산요소로 하는가 아니면 전체 생산요소로 하는가에 따라 요
소생산성과 총요소생산성으로 구분된다. 총생산성 지수는 고려하는
요소의 구성요소와 측정방법, 산출의 산정기준에 따라 여러 형태의
모형이 존재하나 일반적인 형태는 다음과 같다.

$$생산성\ 지수(TP) = \frac{TO}{L+K+R+OC}$$

여기서 TO는 총생산량, L은 노동투입량, K는 자본투입량, R은
원재료투입량, OC는 기타경비투입량을 의미한다. 이러한 총생산성
지수법은 경영자의 관점에서 볼 때 변환과정의 효율성을 나타내는
척도가 되어 총생산성 지수의 변화에 따른 추세파악은 용이하나 문
제점 발견 및 개선에는 기여하기 어려운 단점이 있다. 또한 규모수익

불변인 경쟁적인 균형과 기술진보를 가정하고 있어 은행과 같은 다품종 생산체계의 경우 규모의 경제나 범위의 경제효과를 측정할 수 없고, 다수의 산출물과 투입물을 동시에 고려할 수 없으며, 산출물과 투입물이 화폐단위로 환산되어 투입되므로 가격효과로 인하여 순수 생산성 측정이 어려운 등의 단점이 있다.

(4) 효율성 측정방법의 한계점

효율성 또는 생산성 분석은 바라는 산출을 획득하는 과정에서 활용되는 투입에 대한 정도를 평가하기 위한 절대로 필요한 경영통제 수단이다. 생산성 측정에 관한 이용 가능한 많은 문헌들이 여러 가지 관점에서 서로 다른 접근법을 사용하면서 이 문제를 다룬다. 경제적 접근법(economic approach)은 대부분 자료의 분석에 의하여 확인될 수 있는 특정한 투입 · 산출관계의 존재를 추정한다. 이 접근법에 기인하여 생산성은 추정된 관계를 공식화하는 생산함수에 의하여 평가된다. 공학적 접근법(engineering approach)은 적절히 설정된 공학 표준에 대한 성과측정을 비교함에 의하여 측정된다. 그 밖의 접근법은 일반에 인정된 회계기법상의 비율분석 또는 변동(variations)의 방법에 의하여 생산성을 평가한다. 그러나 이들 접근법의 어느 것도 서비스 및 공공분야 또는 비영리 조직의 생산성을 측정하는 데 만족스럽지 못하며, 만약 적절한 요소의 일부가 경제적 용어로 쉽게 표현되지 않는다면 사적부문 회사들에 대해서도 마찬가지이다. 이러한 경우에 있어서의 전통적 생산성 측정접근법의 실패이유는 다음과 같다(Golany and Roll, 1989).

첫째, 생산성 평가를 위한 대부분의 전통적 접근법이 과정측정(process measures)에 기초하고 있으며 중요한 결과측정(outcome measures)에 거의 또는 아주 주의를 기울이지 않는다.

둘째, 결과측정은 투입요소와 같이 전형적으로 질적(qualitative)이므로 적합한 상대적 가중치를 부여하는 것이 일반적으로 대단히 곤란하다.

셋째, 다양한 요소에 고정된 가중치로써 투입 및 산출 간의 명백한 함수관계를 공식화하는 것은 매우 곤란하다.

넷째, 통계적 회귀에서와 같이 많은 DMU에 걸쳐서 성과를 평균하는 것은 개별 DMU의 행태를 설명하지 못한다.

3. DEA

효율성 측정방법의 한계점을 극복하고 효과적으로 생산성을 평가할 필요성이 대두되어 효율성 평가 및 분석방법으로 등장한 기법이 변경분석(frontier analysis)이다. 변경분석은 체제모형에 의한 투입요소 및 산출요소를 사용하여 동일하거나 매우 유사한 기능을 수행하는 의사결정단위(decision making units, DMUs) 또는 조직단위의 상대적 효율성을 측정하고 평가하는 데 사용할 수 있는 방법론으로서 비모수적 접근방법인 자료포락분석(data envelopment analysis, DEA)과 모수적 접근방법인 확률변경분석(stochastic frontier analysis, SFA)으로 구분할 수 있다.

3.1. DEA의 개념

DEA는 미국 교육부의 'Program Follow Through'라고 불리는 1970년대 초 프로젝트 결과를 평가하기 위한 노력으로부터 기원한다.

DEA란 용어는 Charnes, Cooper and Rhodes의 1978년 보고서 "A Data Envelopment Analysis Approach to Evaluation of the Program Follow Through Experiment in U.S. Public School Education"과 Rhodes의 1978년 박사학위논문 "Data Envelopment Analysis and Related Approaches for Measuring the Efficiency of Decision−Making Units with an Application to Program Follow Through in U.S. Education"에서 도입되었고, Charnes, Cooper and Rhodes의 1979년 후속논문 "Short Communication: Measuring the Efficiency of Decision Making Units"에 나왔다.

<그림 Ⅲ−6>에서 가로축을 직원 수, 세로축을 매출액이라 할 때, 종업원 수 대비 매출액에 상응하는 각 점과 원점을 연결하는 선의 기울기가 가장 큰 선은 원점으로부터 B를 통하는 선에 의하여 얻어진다. 이 선을 효율변경(efficient frontier)이라고 부른다. 이 변경은 최소한 한 점을 접촉하고 모든 점은 이 선 또는 이 선 아래에 있다. '자료포락분석(data envelopment analysis)'이라는 이름은 이 특성으로부터 생겼다. 왜냐하면 수학적 어법으로 변경(frontier)은 이들 점을 '포락(envelop)'한다고 하기 때문이다(Cooper et al., 2006).

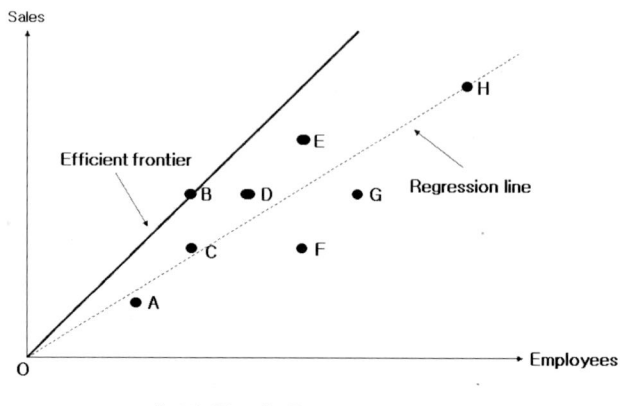

〈그림 Ⅲ-6〉 Data envelopment

DEA는 현대경제학의 기초인 생산함수 또는 효율생산가능 면과 같은 극단관계(extremal relations)에 의하여 경험적 평가의 새로운 방법을 제공하는 수리계획모형(mathematical programming model)이라고 정의된다(Charnes et al., 1978). DEA는 일련의 산출을 생산하기 위하여 몇몇의 투입을 이용하여 DMU 집단 내에서의 상대적 효율성을 측정하는 체계적 접근법이다(Roll et al., 1991). DEA는 DMU의 명백한 생산함수 없이 다수의 투입과 산출로 상대적 효율성을 측정하는 수학적 모형이다. 상대적 효율성은 총가중투입에 대한 총가중산출의 비율로 정의된다(Adler et al., 2002). 또한 DEA는 중앙화경향(central tendency) 보다는 변경에 방향을 맞춘 방법론이다. 즉 데이터의 중심을 통하는 회귀평면에 맞추려는 대신에 관찰결과의 꼭대기에 놓여 있는 구간선형표면(piecewise linear surface)에 맞춘다(Seiford and Thrall, 1990).

DEA에서의 연구대상 조직을 DMU라고 부른다. DMU란 용어는 Charnes et al.(1978)이 제시한 CCR 모형에서 처음으로 사용되었다. DMU의 정의는 광범위한 가능한 적용에 있어서 신축성을 허용하기 위하여 어느 정도 명확하지 않다. 일반적으로 DMU는 투입을 산출로 변환하고 그 성과가 평가되는 것으로 여겨진다. 경영적 적용에서 DMU는 은행, 백화점 및 슈퍼마켓을 포함하며, 자동차제조회사, 병원, 학교, 공공도서관 등으로 확장된다. 공학에서 DMU는 비행기 또는 제트엔진과 같은 부품의 형태를 가질 수도 있다.

전통적 접근법과는 달리 DEA는 다음과 같은 특징을 지닌다 (Sun, 1988).

(1) 실증적 기반(empirically based)

DEA는 관측된 DMU의 투입 및 산출에 직접 작용하며, 개별 DMU의 효율성을 평가하기 위하여 선형계획기법을 사용한다.

(2) 다수투입/다수산출 환경(multi-inputs/multi-outputs setting)

DEA는 많은 전통적 방법에서는 하기 어려운 다수투입 및 다수산출의 생산함수의 연구를 촉진한다. 그리고 DEA는 DMU를 비효율적으로 만드는 개별 투입낭비의 양과 산출부족을 동시에 인식할 수 있다.

(3) 상대적 기반(relatively based)

DEA는 다른 DMU의 성과와 관련하여 DMU를 평가한다.

(4) 비모수적(non-parametric)

DEA는 투입 및 산출과 관련하여 명확한 함수 모형을 요구하지 않으며 산정하지 않는다. 그러므로 DEA는 모수적 방법에 의하여 직면할 어떤 이론적 및 계산적 문제도 빠지지 않고 효율성을 평가할 수 있다.

(5) 계산 편리(computationally convenient)

DEA는 오직 우변만 다른 일련의 선형계획문제를 적용하므로 계산이 편리하다.

DEA를 수행하는 목적은 전형적으로 다음을 포함하여 다양하다 (Golany and Roll, 1989).

첫째, 각 비교된 DMU에 있어서의 투입·산출 차원에서의 상대적 비효율성의 정도와 자원을 식별한다.

둘째, 효율성 결과에 의한 DMU를 서열화한다.

셋째, 비교된 DMU를 이끄는 경영을 평가한다.

넷째, DMU의 통제 밖에 있는 프로그램이나 정책의 효과성 평가 그리고 프로그램 비효율성과 경영 비효율성을 구별한다.

다섯째, 평가받는 DMU들 간의 자원배분에 대한 양적 기초를 만든다. 재분배정책은 다른 DMU에서의 다양한 투입에 대하여 모든 가상 승수뿐만 아니라 어떤 DMU에서 찾아지는 여유(slacks)를 고려하며, 그러한 재분배정책의 일반적 목적은 바람직한 결과를 만들어 내는 데 더욱 효과적으로 사용되도록 DMU에 대한 제한된 자원을 변경하는 것이다.

여섯째, DMU들 간의 비교에 직접 관계되지 않는 목적을 위하여 효율적 DMU 또는 효율적 투입-산출 관계를 식별한다. 그러한 목적에 대한 예로 새로운 생산품의 시험에 대한 시험시장(test market)의 결정을 위한 DEA 결과를 사용하는 것이 있다.

일곱째, 실제 성과에 대한 특별한 투입-산출관계에 관한 널리 보급되어 있는 표준의 분석 및 조사를 한다.

여덟째, 선행연구결과의 비교 및 대조를 한다.

3.2. DEA의 장점과 단점

DEA는 다양한 투입요소를 사용하여 다양한 산출물을 생산하는 DMU를 평가대상으로 하고 있는데 다음과 같은 장점을 가지고 있다 (박만희, 2008).

첫째, 투입요소 및 산출요소가 다양하여 하나의 효율성 지수로 표현하기 힘든 경우에 유용하게 사용할 수 있다. 또한 인원수, 시간 및 돈 등 투입요소 및 산출요소의 측정단위가 각각 다른 경우에도 적용 가능하고 화폐단위로 표시될 수 없는 경우에도 이용할 수 있다.

둘째, 투입요소 및 산출요소에 대한 가중치를 직접 추정하여 평가대상 DMU의 효율성을 추정하기 때문에 사전에 투입요소 및 산출요소에 대한 지식이나 규정이 불필요하다.

셋째, 모집단의 평균치를 이용하는 회귀분석과는 달리 효율적인 DMU의 개별적인 관찰에 초점을 둠으로써 개선 가능성에 대한 유용한 정보를 제공한다.

넷째, 지리적 위치나 경쟁환경의 심화 정도 등 외생변수를 고려하거나 조정하는 것이 가능하다.

다섯째, 공공부문의 경우 투입요소나 산출요소의 가격을 파악하기 어려운 경우가 많으므로 계량화하기 어려운 문제를 해결할 수 있다.

DEA는 위와 같이 장점을 가지고 있지만 몇 가지 단점도 가지고 있다.

첫째, DEA의 주요 결점은 통계적 결함 또는 관찰된 DMU의 투입 및 산출 사이의 인과관계의 측정법을 형성하지 못하는 데 있다. DEA 기법의 적용은 문제의 구조적 정의에 관하여 정보를 제공해 주지 않는다. 나아가, 계산된 효율변경이 어떤 설계하에서의 전체 극단관계를 완전히 설명하지 못하므로 다른 모형설계의 상대적 강점을 평가하는 방법이 없다(Sexton et al., 1986).

둘째, DEA는 극단방법(extremal method)이므로 모든 극점(extreme points)은 DEA 정의에 의하여 효율적이다. 그러나 극점과 최적의 일치는 첫째, 종종 통계적 타당성의 부족, 둘째, 자료의 오류에 대단히 민감하다는 두 가지 이유에 의하여 방해받는다(Sexton et al., 1986).

셋째, 모든 측정기법은 광범위한 종류의 모형설계오류(misspecification)의 결과로 인하여 오차(errors) 또는 치우침(biases)이 발생하기 쉽다. DEA와 같은 측정절차는 극점에 의지하거나 또는 관찰결과가 변수선택, 모형설계 및 부호화 또는 자료입력 착오를 포함한 모든 형태의 모형설계오류에 민감하다. Charnes et al.(1978)은 DEA는 본질적으로 자유형식의 기법이며 상세하고 정밀한 관계의 사전설정을 받지 않는다는 것을 강조하였다(Sexton et al., 1986).

넷째, DEA 모형은 개별 DMU에 대해서 독립적인 선형계획문제를 생성시키기 때문에 DMU 수가 증가하면 계산량도 증가한다(박만희, 2008).

다섯째, DEA는 오로지 기술비효율성의 조사를 지향한다. DEA는 DMU의 가격효율성에 관하여 분석하거나 의견을 말하지 않는다. 즉 DMU는 최저비용의 기술을 사용하여 사회적으로 최적의 산출혼합을 생산한다고 할 수 없다. 어떤 DMU는 기술효율적인데 가격비효율적일 수 있다. 어떤 가격비효율적 DMU는 실제로 어떤 기술효율적 DMU보다 적은 비용으로 산출물을 생산할 수 있다(Sexton et al., 1986).

여섯째, DEA는 투입요소 및 산출요소의 수가 DMU 수에 비하여 많다면 상당수의 DMU가 효율적인 것으로 나타난다(Andersen and Petersen 1993).

4. CCR 모형 및 BCC 모형

DEA 모형은 Charnes et al.(1978)이 제시한 규모수익불변(constant returns to scale, CRS) 모형인 CCR 모형과 Banker et al.(1984)이 제시한 규모수익가변(variable returns to scale, VRS) 모형인 BCC 모형 등 여러 모형으로 구분할 수 있다.

DEA 모형 중 CCR 모형과 BCC 모형이 가장 널리 활용되고 있는데, 이들 모형은 초점을 투입요소 또는 산출물에 맞춤에 따라 투입지향형과 산출지향형으로 구별한다.

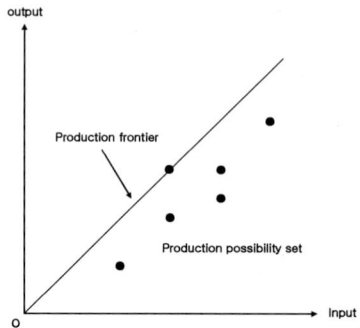

〈그림 Ⅲ-7〉 Production frontiers of the CCR model

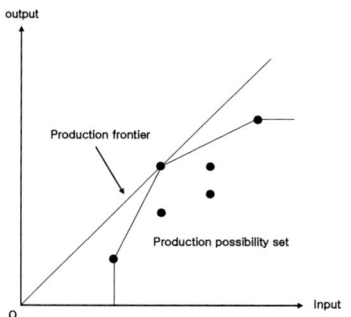

〈그림 Ⅲ-8〉 Production frontiers of the BCC model

CCR 모형 및 BCC 모형의 생산변경을 그림으로 표현하면 각각 <그림 Ⅲ-7> 및 <그림 Ⅲ-8>과 같다(Cooper et al., 2006).

4.1. CCR 모형

DEA의 가장 기본적인 모형의 하나인 CCR 모형은 1978년에 Charnes,

Cooper and Rhodes에 의하여 처음으로 제시되었다.

CCR 모형은 비율모형(ratio model), 승수모형(multiplier model) 및 포락모형(envelopment model)으로 나타낼 수 있다. 비율모형은 어떤 DMU의 효율성 측정은 모든 DMU에 대한 닮은 비(similar ratios)가 1 이하이어야 한다는 조건에 따라 가중투입에 대한 가중산출의 비율의 최대치로 얻어진다. 투입지향형 CCR 비율모형 및 산출지향형 CCR 비율모형은 각각 식 (Ⅲ - 1) 및 식 (Ⅲ - 2)와 같다(Charnes et al., 1978).

$$\max h_0 = \frac{\sum\limits_{r=1}^{s} u_r y_{r0}}{\sum\limits_{i=1}^{m} v_i x_{i0}} \quad \cdots\cdots\cdots\cdots\cdots\cdots\cdots\cdots\cdots\cdots\cdots\cdots\cdots \ (Ⅲ-1)$$

subject to

$$\frac{\sum\limits_{r=1}^{s} v_r y_{rj}}{\sum\limits_{i=1}^{m} v_i x_{ij}} \leq 1; \ j = 1, \cdots, n$$

$$u_r, v_i \geq 0; \ r = 1, \cdots, s; \ i = 1, \cdots, m$$

$$\min f_0 = \frac{\sum\limits_{i=1}^{m} v_i x_{i0}}{\sum\limits_{r=1}^{s} u_r y_{r0}} \quad \cdots\cdots\cdots\cdots\cdots\cdots\cdots\cdots\cdots\cdots\cdots\cdots \ (Ⅲ-2)$$

subject to

$$\frac{\sum\limits_{i=1}^{m} v_i x_{ij}}{\sum\limits_{r=1}^{s} u_r y_{rj}} \geq 1; \ j = 1, \cdots, n$$

$$v_i, u_r \geq 0$$

식 (Ⅲ-1)을 선형식으로 바꾸면 식 (Ⅲ-3)과 같다.

$$\max z_0 = \sum_{r=1}^{s} u_r y_{r0} \cdots\cdots\cdots\cdots\cdots\cdots\cdots\cdots\cdots\cdots \text{(Ⅲ-3)}$$

subject to

$$\sum_{i=1}^{m} v_i x_{i0} = 1,$$

$$\sum_{r=1}^{s} u_r y_{rj} - \sum_{i=1}^{m} v_i x_{ij} \leq 0, \ j = 1, \cdots, n$$

$$v_i, u_r \geq 0$$

여기서 h_0, f_0 및 z_0는 DMU_0의 효율성, u_r은 r번째 산출의 가중치, v_i는 i번째 투입의 가중치(승수), s는 산출요소의 수, m은 투입요소의 수를 나타내며, y_{rj}, x_{ij}(모두 양수)는 j번째 DMU의 이미 알고 있는 산출 및 투입을 나타낸다. u_r 및 v_i는 비음(≥ 0)이며 위 문제의 해결에 의하여 정해질 예를 들면, 참조집합으로 사용하는 DMU 모두에 대한 데이터에 의하여 정해질 변수(요소)의 가중치(variable weights)이다.

CCR 모형을 벡터행렬기호법에 의한 승수형(multiplier form) 선형식 (LP problem) 및 포락형(envelopment form) 쌍대식(dual problem)으로 나

타내면 각각 식 (Ⅲ-4) 및 식 (Ⅲ-5)와 같다(Cooper et al., 2006).

$$\max_{v,\,u} uy_0 \cdots\cdots\cdots\cdots\cdots\cdots\cdots\cdots\cdots\cdots\cdots (\text{Ⅲ}-4)$$

$$\text{subject to } x_0 = 1$$

$$-vX + uY \leq 0$$

$$v \geq 0, \ u \geq 0$$

$$\min_{\theta,\,\lambda} \theta \cdots\cdots\cdots\cdots\cdots\cdots\cdots\cdots\cdots\cdots\cdots (\text{Ⅲ}-5)$$

$$\text{subject to } \ominus x_0 - X\lambda \geq 0$$

$$Y\lambda \geq y_0$$

$$\lambda \geq 0$$

위 식 (Ⅲ-4) 및 식 (Ⅲ-5)에서 볼드체 기호는 벡터를, 행렬 X는 x_j를, 행렬 Y는 y_j를, 행벡터 v는 투입승수(input multipliers)를, 행벡터 u는 산출승수(output multipliers)를, 실변수(real variable) θ는 식 (Ⅲ-4)의 첫 번째 제약조건에 대응되는 쌍대변수(dual variable)를, 식 (Ⅲ-5)에서 $(\lambda_1, \cdots, \lambda_n)^T$를 나타내는 비음(non-negative)의 벡터 λ는 식 (Ⅲ-4)의 두 번째 제약조건에 대응되는 쌍대변수를 나타낸다.

4.2. BCC 모형

CCR 모형에 이어 기본적인 DEA 모형의 하나인 BCC 모형은 1984

년 Banker, Charnes and Cooper에 의하여 제시되었다.

CCR 비율모형은 투입물과 산출물 간 관계의 가중치 또는 가정된 함수형식의 명백한 기술(delineation)이 연역적인 상술을 요구함이 없이 데이터로부터 직접 얻은 비율모형의 최적치에 의하여 기술 및 규모의 비효율성(technical and scale inefficiencies)을 내포한다. 반면에 BCC 모형은 기술효율성과 규모효율성을 구분한다. 투입지향형 BCC 비율모형은 식 (Ⅲ-6)과 같다(Banker et al., 1984).

$$max \ \frac{\sum_{r=1}^{s} u_r y_{r0} - u_0}{\sum_{i=1}^{m} v_i x_{i0}} \quad \cdots\cdots\cdots\cdots\cdots\cdots\cdots\cdots\cdots\cdots\cdots\cdots \ (Ⅲ-6)$$

subject to

$$\frac{\sum_{r=1}^{s} u_r y_{rj} - u_0}{\sum_{i=1}^{m} v_i x_{ij}} \leq 1$$

$$\forall j, \ u_r, \ v_i \geq 0$$

and u_0 is unconstrained in sign.

식 (Ⅲ-6)을 산출지향형 모형으로 바꾸면 식 (Ⅲ-7)과 같다.

$$\min \frac{\sum\limits_{i=1}^{m} v_i x_{i0} + v_0}{\sum\limits_{r=1}^{s} u_r y_{r0}} \quad \cdots\cdots\cdots\cdots\cdots\cdots\cdots\cdots\cdots\cdots\cdots\cdots\cdots\cdots \ (\text{III}-7)$$

subject to

$$\frac{\sum\limits_{i=1}^{m} v_i x_{ij} + v_0}{\sum\limits_{r=1}^{s} u_r y_{rj}} \geq 1, \ \ j = 1, \cdots, n$$

$$\forall \, j, \ u_r, \ v_i \geq 0$$

and v_0 is unconstrained in sign.

여기서 u_0 또는 u_0는 양수 또는 음수일 수 있다. u_0 또는 u_0는 CCR 모형과의 차이점이며 규모수익지수(indicator of returns to scale)를 나타낸다.

식 (III-6)을 선형식으로 바꾸면 식 (III-8)과 같다.

$$\max \sum\limits_{r=1}^{s} u_r y_{r0} - u_0 \quad \cdots\cdots\cdots\cdots\cdots\cdots\cdots\cdots\cdots\cdots\cdots\cdots \ (\text{III}-8)$$

subject to

$$\sum\limits_{r=1}^{s} u_r y_{r0} - \sum\limits_{i=1}^{m} v_i x_{ij} - u_0 \leq 0, \ \ j = 1, \cdots, n$$

$$\sum\limits_{i=1}^{m} v_i x_{i0} = 1$$

$$u_r, \ v_i \geq 0$$

and u_0 is unconstrained in sign.

BCC 모형을 벡터행렬기호법에 의한 승수형 선형식 및 포락형 쌍대식으로 나타내면 각각 식 (Ⅲ-9) 및 식 (Ⅲ-10)과 같다(Cooper et al., 2006).

$$\max_{v,\,u,\,u_0} z = vx_0 - u_0 \cdots\cdots (\text{Ⅲ}-9)$$

subject to $vx_0 = 1$

$$-vX + uY - u_0 e \leq 0$$

$$v \geq 0, \ u \geq 0, u_0 \ \text{free in sign.}$$

$$\min_{\theta_B,\,\lambda} \theta_B \cdots\cdots (\text{Ⅲ}-10)$$

subject to $\theta_B x_0 - X\lambda \geq 0$

$$Y\lambda \geq y_0$$

$$e\lambda = 1$$

$$\lambda \geq 0$$

4.3. 규모효율성

DMU가 비효율적인 경우 비효율의 원천이 DMU 자체의 비효율적인 운영에 의하여 야기되었는지 또는 DMU가 운영되는 불리한 조건에 의한 것인지를 조사할 수 있다. 이 목적을 위하여 CCR 모형과 BCC 모형을 비교할 만하다. CCR 모형은 규모수익불변 생산가능집합을 가정하며, 즉 모든 관찰된 DMU의 증가와 감소를 가정하여 이들 비음의 결합이 가능하므로, CCR 모형 점수를 전체기술효율성(global technical efficiency)이라 한다. BCC 모형은 관찰된 DMU들이 형성하는 생산가능집합의 볼록결합(convex combination)을 가정하며, BCC 모형 점수를 부분순수기술효율성(local pure technical efficiency)이라 한다. 만약 DMU가 CCR 모형 및 BCC 모형 점수에서 완전히(100%) 효율적이라면 이는 가장 생산적 규모의 크기(the most productive scale size)로 운영되는 것이다. 만약 DMU가 BCC 모형으로 완전히 효율적이나 CCR 모형 점수가 낮다면, 이는 부분적으로는 효율적으로 운영되나 DMU 규모의 크기 때문에 전체적으로는 효율적으로 운영되는 것이 아니다. 따라서 두 가지 점수의 비율에 의하여 DMU의 규모효율성을 특징짓는 것이 합리적이다. 어떤 DMU의 CCR 모형 및 BCC 모형의 점수를 각각 θ^*_{CCR} 및 θ^*_{BCC}이라 하면 규모효율성(scale efficiency, SE)은 다음 식 (Ⅲ − 11)과 같이 정의된다.

$$SE = \frac{\theta^*_{CCR}}{\theta^*_{BCC}} \quad \cdots\cdots\cdots\cdots\cdots\cdots\cdots\cdots\cdots\cdots\cdots\cdots\cdots\cdots\cdots\cdots\cdots\cdots (\text{Ⅲ} - 11)$$

규모효율성은 1보다 크지 않다. 규모수익불변 특징을 지닌 BCC 효율적 DMU의 규모효율성은 1이다. CCR 점수는 부분순수기술효율성(PTE)과 구분하여, 규모효율성을 고려하지 않기 때문에 전체기술효율성(TE)이라 한다. BCC는 규모수익가변 상황하에서 부분순수기술효율성을 나타낸다. 이 개념들을 사용하여 식 (Ⅲ − 11)은 효율성의 분해를 $\theta^*_{CCR} = \theta^*_{BCC} \times SE$ 또는 $TE = PTE \times SE$라고 증명한다.

이 분해는 그것이 비효율적인 운영에 기인하느냐(PTE) 또는 규모효율성에 의하여 나타난 불리한 조건에 기인하느냐 또는 양쪽 모두에 기인하느냐의 비효율성의 원인을 설명한다.

단일투입과 단일산출의 경우에 규모효율성은 <그림 Ⅲ-9>에 의하여 설명된다.

규모수익증가인 BCC 효율적인 A에 대하여 규모효율성은 다음에 의하여 주어진다.

$$SE(A) = \theta^*_{CCR}(A) \times \frac{LM}{LA} < 1$$

이는 A는 부분적으로 효율적인 운영이며($PTE = 1$) 이의 전체적 비효율성(TE)은 LM/LA으로 표시되는 규모의 비효율성(SE) 달성 실패에 의해 야기됨을 나타낸다. DMU B와 C는 가장 생산적 규모의 크기로 운영된다. 이들 DMU의 효율성은 1이므로 이들은 CCR 및 BCC 모형 모두에 대하여 규모 및 기술적으로 모두 효율적이다.

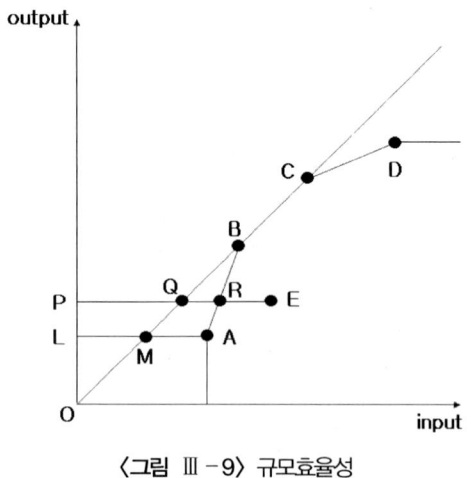

〈그림 Ⅲ-9〉 규모효율성

BCC 비효율적인 DMU E에 대하여

$$SE(E) = \frac{PQ}{PE} \frac{PE}{PR} = \frac{PQ}{PR}$$

이는 투입지향형 BCC 투영점 R의 규모효율성과 같다. E를 분해하면,

$$TE(E) = PTE(E) \times SE(E)$$

$$\text{또는 } \frac{PQ}{PE} = \frac{PR}{PE} \frac{PQ}{PR}$$

이런 식으로 E의 총효율성은 E의 기술적 비효율적 운영에 의하여 그리고 동시에 PQ/PR에 의하여 측정된 E의 불리한 규모조건에 의하여 영향을 받는다(Cooper et al., 2006).

4.4. 규모수익

BCC 모형은 CCR 모형에 규모에 대한 투자효율성이 변하는 제약을 가정할 수 있다. 이 경우 투입물이 증가하여도 산출물이 일정한 비율로 증가하지 않는 것을 의미한다. 규모수익(returns to scale, RTS)은 식 (Ⅲ-6)에서 u_0의 최적해 u_0^*의 크기에 따라 다음과 같이 나타낼 수 있다.

 (i) 규모수익증가(increasing returns to scale, IRS) $\Leftrightarrow u_0^* < 0$

(ii) 규모수익불변(constant returns to scale, CRS) $\Leftrightarrow u_0^* = 0$

(iii) 규모수익감소(decreasing returns to scale, DRS) $\Leftrightarrow u_0^* > 0$

<그림 Ⅲ-10>은 E의 근처에 있는 규모의 변화가 탐색될 상황의 일반적인 그림을 제공한다. <그림 Ⅲ-10>의 상황에서 E의 탄젠트선에 접한 절편 값(u_0^*)은 0보다 크다. 효율적 생산변경 위에서 연속되는 구간 선분(piecewise segment)에 대해서도 같은 상황을 얻을 수 있다. A가 나타난 이전의 선분에 대해서는 $u_0^* < 0$이므로 수익증가(increasing returns)가 나타나는 것이다. 그리고 $u_0^* = 0$인 상황에 대해서는 만일 그러한 선분이 존재한다면 수익불변(constant returns)이다(Banker et al., 1984).

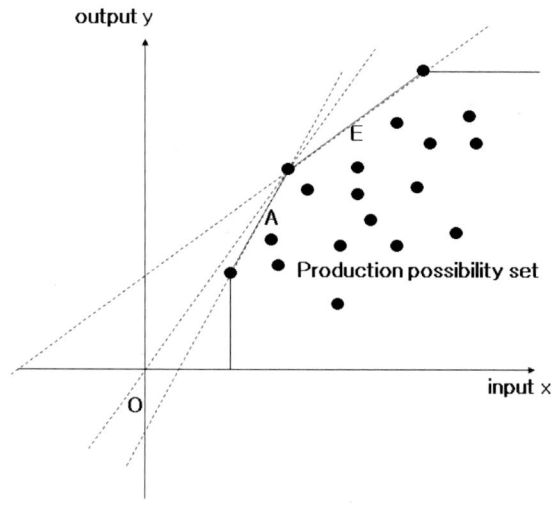

〈그림 Ⅲ-10〉 규모수익

CCR 모형은 규모에 대한 투자효율성이 일정하다는(constant returns to scale) 가정을 한다. 이 경우 투입물이 증가할 때 산출물이 일정 비율로 증가한다. 규모가 변하여도 효율은 변하지 않음을 의미한다. 그러나 CRS가 CCR 모형을 특징짓는 것이 기술적으로 옳으나 CCR 모형도 규모수익의 증가 또는 감소를 결정하는 데 사용될 수 있다. (x_0, y_0) 를 효율변경(efficient frontier) 위의 한 점으로 놓고 최적해 $(\lambda_1^*, \cdots, \lambda_n^*)$ 를 얻기 위하여 포락형(envelopment form) CCR 모형을 사용하였을 때 RTS 는 다음 조건에 따라 결정된다(Cooper et al., 2006).

(i) 규모수익증가 $\Leftrightarrow \sum_{j=1}^{n} \lambda_j^* < 1$

(ii) 규모수익불변 $\Leftrightarrow \sum_{j=1}^{n} \lambda_j^* = 1$

(iii) 규모수익감소 $\Leftrightarrow \sum_{j=1}^{n} \lambda_j^* > 1$

5. 가중치 제약 모형

DEA 모형은 DMU별 투입·산출자료가 주어진 상태에서 각 DMU 의 효율성을 평가하기 위한 가중치를 갖는다. 이 가중치는 평가대상 DMU의 효율성이 가장 유리하게 평가되도록 하는 상대적 가치체계라고 할 수 있다. 그런데 이 가중치가 투입·산출의 상대적 가치에 비추어 수용 가능한 범위를 벗어나거나 또는 사전지식과 모순될 수도 있다. 이러한 문제점은 의사결정자의 가치판단을 효율성 평가과정에 반영함으로써 개선할 수 있다. 의사결정자의 가치판단을 효율성 평가 과정에 반영하는 방법은 AR(assurance region, 확신영역)로 불리는 가중 치에 대한 제약조건을 사용하는 방법과 투입·산출자료를 변환하는 등의 cone-ratio(원추비율) CCR 모형을 사용하는 방법이 있다(김성호 외, 2007).

5.1. DEA-AR

AR 접근법은 Thompson et al.(1986)에 의하여 전개되었다. 이들은 'SSC(superconducting super collider)'라 불리는 고에너지 물리학 실험실 (high-energy physics laboratory)이 위치할 6개의 텍사스 부지를 분석하 기 위하여 DEA를 사용하였다. 그러나 6개의 부지 중 5개가 DEA에서 효율적으로 나타났다. 이 결과는 만족스럽지 못하였기 때문에 가상승 수에 대한 한계(bounds)를 구체적으로 정하기 위하여 조사자료 및 전 문가 의견을 사용하였다. AR 방법은 오직 하나의 효율적인 DMU를 판정하였고, 이 후보 부지는 텍사스 州에 의하여 선정되었으며, 1988 년에 미국 에너지성(Department of Energy)에 의하여 집행된 전국 경쟁 에서 승리하였다(Cooper et al., 2006).

AR은 한정된 수의 DMU 및 잘 정의된 데이터 영역을 가진 DEA 문 제에 대하여 AR로부터 제외된 벡터 w가 합리적이 아닌 투입 및 산출 의 가상승수(virtual multipliers)인 W의 부분집합으로서 이를 Strict AR 이라 한다. 이 Strict AR 개념에 대한 대안으로서 Flexible AR은 어떤 합 리적 가상승수의 제외에 대한 낮은 확률을 허용하는 것으로 정의된다(Thompson et al., 1990).

비효율적인 DMU에 대한 DEA 모형의 최적가중치(u_i^*, u_j^*)에서 많은 '0'들을 볼 수 있는데, 이 '0'들은 DMU가 다른 효율적인 DMU와 비교하여 상응하는 항목에 있어서 약함을 보여 준다. 항목에 따라서 큰 가중치 차이가 또한 관계될 수 있다. 그것은 특정한 항목에 대한 가중치의 상대적 크기에 제약을 부과하는 AR접근법의 발전을 유도하는 계기가 된다. 예를 들면 다음 식 (Ⅲ-12)와 같이 투입 1 및 투입 2에 대한 가중치의 비율에 제약을 가할 수 있다.

$$L_{1,2} \leq \frac{v_2}{v_1} \leq U_{1,2} \quad\cdots\cdots\cdots\cdots\cdots\cdots\cdots\cdots\cdots\cdots\cdots\cdots\cdots\cdots (Ⅲ-12)$$

여기서 $L_{1,2}$와 $U_{1,2}$는 비율 v_2/v_1가 가정할 수 있는 하한 및 상한 이다. 가중치의 영역을 어떤 특정영역에 제한하는 '확신영역'이란 이름은 이 제약으로부터 생겨났다. 일반적으로 상응하는 포락모형에서 DEA 효율성 점수는 이러한 제약을 추가함에 의하여 나빠지며, 전에는 효율적으로 나타났던 DMU는 그러한 제약이 가하여진 후에 비효율적인 것으로 나타난다. 승수의 비율이 하나의 최적해에 있어서 상한 또는 하한과 일치하는 것을 알 수 있다. 그러므로 가끔 사용되는 가격 및 단가 등과 같은 보조정보에 의지하기 위하여 이들 범위를 선택하는 데 있어서 주의를 기울일 필요가 있다. 이 접근법은 가격 및 비용의 정확한 지식을 요구하는 '배분' 및 '가격' 효율성 접근법의 일반화를 제공한다(Cooper et al., 2006).

(1) AR 방법에 대한 공식

AR 방법은 DEA 모형에 대하여 만일 필요하다면 항목의 쌍들에 대하여 식 (Ⅲ - 12)와 같은 제약을 추가함으로써 공식화된다. 예를 들면 CCR 모형에 있어서 제약은 선형부등식에 의하여 확장된다(Cooper et al., 2006).

$$L_{1,2}v_1 \leq v_2 \leq U_{1,2}v_1$$

Roll, Cook and Golany(1991)와 같은 학자들은 범위를 식 (Ⅲ - 12)와 같은 비율보다는 $L_i \leq v_i \leq U_i$와 같이 절대적인 것으로 취급한다. 이 사용법은 모든 상품 및 서비스를 말하는 용어에 의하여 회계의 단위로 정의된 통화교환비율기준(numeraire) 개념의 사용에 의하여 쉽게 수용된다.

더욱 일반적으로 'input numeraire'와 'output numeraire'를 생각할 수 있다. 그런 다음 투입·산출변수의 모든 값을 다음과 같은 방법으로 제약할 수 있다.

$$v_1 l_{1,i} \leq v_i \leq v_1 u_{1,i} \quad (i = 2, \cdots, m)$$
$$u_1 L_{1,r} \leq u_r \leq u_1 U_{1,r} \quad (r = 2, \cdots, s)$$

대체로 화폐가 회계단위로 사용되는 방법에 있어서 절대형(absolute form)에서 제약 $(m + s - 2)$를 얻기 위하여 $v_1 = u_1 = 1$로 놓을 수 있다. 만일 어떤 것이 요구되지 않는다면 제약에서 이를 삭제할 수 있다.

따라서 CCR−AR 모형은 다음과 같으며, AR의 예를 그림으로 표현
하면 <그림 Ⅲ−11>과 같다.

$$(AR_0) \frac{\max}{v,u} uy_0$$

subject to $ux_0 = 1$

$-vX + uY \leq 0$

$vP \leq 0$

$uQ \leq 0$

$v \geq 0, u \geq 0$

여기서

$$P = \begin{pmatrix} l_{12} - u_{12} & l_{13} - u_{13} \cdots \cdots \cdots \cdots \\ -1 & 1 & 0 & 0 & \cdots \cdots \cdots \cdots \\ 0 & 0 & -1 & 1 & \cdots \cdots \cdots \cdots \\ \cdots & \cdots & \cdots & \cdots & \cdots \cdots \cdots \cdots \\ \cdots & \cdots & \cdots & \cdots & \cdots \cdots \cdots \cdots \end{pmatrix}$$

and

$$Q = \begin{pmatrix} l_{12} - U_{12} & L_{13} - U_{13} \cdots \cdots \cdots \cdots \\ -1 & 1 & 0 & 0 & \cdots \cdots \cdots \cdots \\ 0 & 0 & -1 & 1 & \cdots \cdots \cdots \cdots \\ \cdots & \cdots & \cdots & \cdots & \cdots \cdots \cdots \cdots \\ \cdots & \cdots & \cdots & \cdots & \cdots \cdots \cdots \cdots \end{pmatrix}$$

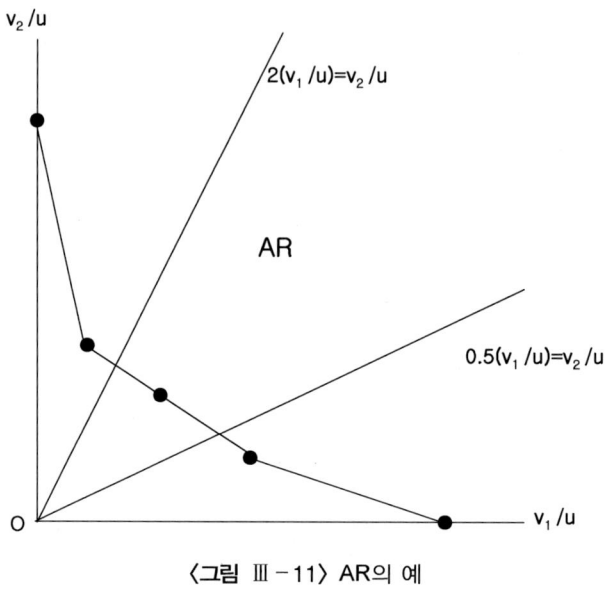

〈그림 Ⅲ-11〉 AR의 예

그러나 식 (Ⅲ-12)에서의 numeraire (v_1)의 선택은 임의이므로 다음과 같은 제약을 사용할 수 있으며, 이는 행렬 P와 Q의 변형을 가져온다.

$$l_{1,2}v_1 \leq v_2 \leq u_{1,2}v_1 \quad \text{and} \quad l_{2,3}v_2 \leq v_3 \leq u_{2,3}v_2$$

포락모형은 보통 풀고 해석하는 데 더 용이하므로 계산은 일반적으로 쌍대 측면에서 수행된다.

$$(DAR_0) \quad \min_{\theta, \lambda, \pi, \tau} \theta$$

subject to $\theta x_0 - X\lambda + P\pi \geq 0$

$$Y\lambda + Q\tau \geq y_0$$

$$\lambda \geq 0, \ \pi \geq 0, \ \tau \geq 0$$

(AR_0)와 (DAR_0)사이의 관계를 보면, 양 문제는 유한의 양의 최적(finite positive optimum)을 가진다고 가정한다. (DAR_0)의 최적 및 max$-$slack 해를 $(\theta^*, \ \lambda^*, \ \pi^*, \ \tau^*, \ s^{-*}, \ s^{+*})$라 하면, 여기서 slacks s^{-*} 및 s^{+*}은 벡터행렬 표시법으로 다음과 같이 정의된다.

$$s^{-*} = \theta^* x_0 - X\lambda^* + P\pi^* \ \text{and}$$

$$s^{+*} = -y_0 + Y\lambda^* + Q\tau^*$$

풀이에 기초하여 AR 효율성을 다음과 같이 정의한다.

AR 효율성: 오직 다음의 경우에 (x_0, y_0)에 관련된 DMU는 효율적이다.

$$\theta^* = 1, \ s^{-*} = 0 \ \text{and} \ s^{+*} = 0$$

(2) AHP

AR은 의사결정자의 개인적 판단, 집단의사결정, 투입요소 및 산출물의 가격에 관한 정보 등 다양한 원천으로부터 결정될 수 있다(김성호 외, 2007). 본 연구에서는 AR을 결정하는 데 유용하게 사용할 수 있는 다기준의사결정방법의 하나인 계층분석과정(analytic hierarchy process, AHP)을 살펴본다.

다기준의사결정(multi-criteria decision making)은 상충되는 복수의 기준이 존재하는 상황에서의 의사결정을 말한다. 다기준의사결정은 다목적의사결정(multi-objective decision making)과 다요소의사결정(multi-attribute decision making)으로 구분되는데, 계층분석과정(analytic hierarchy process, AHP)은 다요소의사결정 기법들 중에서 가장 널리 응용되고 있는 기법이라고 할 수 있다. 유연생산시스템을 비롯한 대규모 자동생산시스템의 도입 타당성 분석, 각종 에너지정책 수립 및 수송정책 수립 등 광범위한 분야에서 응용되어 왔다. 그 이유로는 첫째, 분석과정이 간단하다는 점을 들 수 있다. 요소나 대안의 중요도 평가과정에서 쌍대비교를 함으로써 의사결정자의 선호정보를 얻기가 용이하기 때문이다. 둘째, 분석과정의 특성상 정량적 요소와 정성적 요소를 동시에 고려하기가 용이하다는 점을 들 수 있다. 특히, 정성적 요소에 대한 평가결과를 정량화하거나 평가과정을 규준화하는 과정을 거치지 않기 때문이다(김성희 외, 1999).

1970년대 초반 Saaty에 의하여 개발된 AHP는 의사결정의 계층구조를 구성하고 있는 요소 간의 쌍대비교에 의한 판단을 통하여 평가자의 지식, 경험 및 직관을 포착하고자 하는 의사결정방법론이다(조근태 외, 2003).

AHP의 과정은 다음과 같은 기본적인 단계로 간단히 설명될 수 있다(Saaty, 1999).

(i) 문제를 정의하고 원하는 해답을 상술한다.

(ii) 전체적 관리관점으로부터 계층을 구성한다(최상위 수준부터 문제를 해결하기 위하여 조정되는 수준까지 가능함). 학교선정을 위한 계층구성을 예로 든다면 <그림 Ⅲ-12>와 같다(Saaty, 1986).

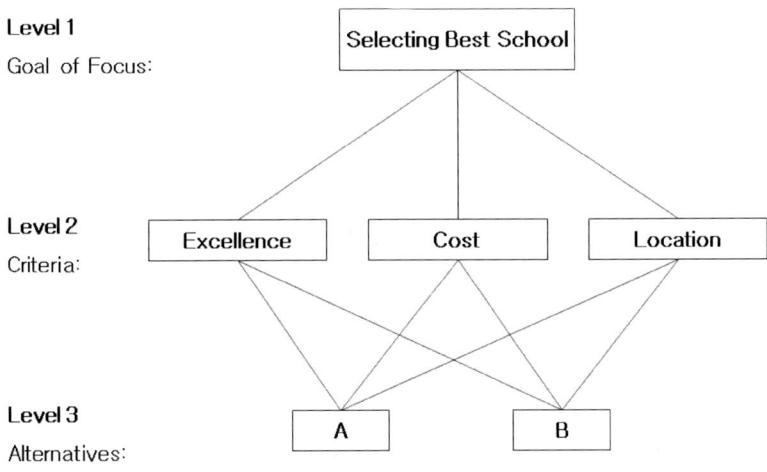

Level 1
Goal of Focus:

Level 2
Criteria:

Level 3
Alternatives:

〈그림 Ⅲ-12〉 학교선정을 위한 의사결정계층 구성의 예

(iii) 인접한 상위수준에 있는 각 지배적인 기준에 대한 각 요소의
영향 또는 관련된 공헌의 쌍대비교행렬을 구성한다. 쌍대비교의 기본
척도는 <표 Ⅲ-1>과 같다.

〈표 Ⅲ-1〉 쌍대비교의 기본척도

중요도	정의	설명
1	비슷함 (equal importance)	목적에 대하여 두 활동이 동등하게 공헌함
3	약간 중요함 (moderate importance)	경험 및 판단이 한 활동을 다른 활동보다 약간 선호함
5	중요함 (strong importance)	경험 및 판단이 한 활동을 다른 활동보다 강하게 선호함
7	매우 중요함 (very strong importance)	한 활동이 다른 활동보다 대단히 강하게 선호됨. 우월함이 실제로 증명됨
9	극히 중요함 (extreme importance)	다른 활동보다 한 활동을 선호하는 증거가 가장 높은 가능한 긍정의 순위임
2, 4, 6, 8	위 값들의 중간	기술한 좋은 말이 없기 때문에 때때로 숫자적으로 중간의 판단으로 써 넣을 필요가 있음

중요도	정의	설명
위의 역수	활동 j에 비교할 때 만약 활동 i가 이에 할당된 0이 아닌 숫자의 하나를 가진다면, j는 역수 값을 가짐	그 단위의 배수 및 더 큰 것을 측정할 단위로서 더 작은 요소를 선택함에 의한 비교
유리수	척도로부터 발생한 비율	행렬을 채울 n 수치를 획득함에 의하여 일관성이 요구됨
1.1 - 1.9	동등한 활동 (for tied activities)	요소들이 비슷하고 거의 구분할 수 없을 때, 약간 중요함은 1.30이고 극히 중요함은 1.9

(iv) 단계 (iii)에 행렬의 집합을 전개하는 데 요구되는 모든 판단을 획득한다. 참가하는 사람이 많으면 각 사람의 노력에 대한 적절한 배분에 의하여 간단히 이루어질 수 있다. 다수의 판단은 기하평균을 사용하여 종합할 수 있다.

(v) 모든 쌍대비교 자료를 수집하고 주대각선에 1을 기입함과 함께 역수를 기입하여 우선순위가 얻어지고 일관성이 검사된다.

AHP는 일관성 비율에 의하여 판단의 전체적인 일관성을 측정한다. 같은 차수의 행렬에서 평균 무작위지수(random index)에 대한 일관성 지수(consistency index)의 비율을 일관성 비율(consistency ratio)이라고 하며, 0.10 이하인 일관성 비율은 수용 가능한 것으로 고려된다(Saaty, 1980). 좀 더 구체적으로 살펴보면, 일관성 비율의 값은 10%(사실상 3×3 행렬은 5%, 4×4 행렬은 9% 그리고 더 큰 행렬은 10%) 이하이어야 하고, 만일 10% 이상이면 판단은 어느 정도 임의적인 것이며 아마도 수정되어야 할 것이다(Saaty, 1999).

(vi) 계층에 있는 모든 수준과 군집에 대하여 단계 (iii), (iv) 및 (v)를 수행한다.

(vii) 기준의 가중치에 의하여 우선순위 벡터에 가중치를 곱하기 위

하여 계층적 종합을 사용한다. 그리고 다음 낮은 수준에 상응하는 모든 곱해진 우선순위를 더한다. 결과는 계층의 가장 낮은 수준에 대한 전체 우선순위 벡터이다. 만약 여러 결과가 있으면 기하평균이 취해질 수 있다.

(viii) 각 일관성 지수를 상응하는 기준의 우선순위에 의하여 곱하고 그 결과를 더함으로써 전체 계층의 일관성을 평가한다. 그 결과는 전처럼 우선순위에 의해 가중된 각 행렬의 차원에 상응하는 무작위 일관성 지수를 사용한 같은 수식의 형태에 의하여 나누어진다. 계층의 일관성 비율은 10% 이하이어야 한다. 만약 그렇지 않으면 쌍대비교를 조사할 질문에 있는 방식을 수정함에 의하여 정보의 질이 개선되어야 한다. 만약 이 측정이 일관성을 개선시키는 데 실패한다면, 그것은 문제가 정확히 구성되지 않았음과 같다. 즉 유사한 요소가 의미 있는 기준하에 분류되지 못한 것일 수 있다. 비록 계층의 문제가 되는 부분이 수정될 필요가 있더라도, 단계 (ii)로 돌아갈 것이 요구된다.

5.2. Cone - ratio DEA

Cone - ratio 접근법은 Sun(1988)이 미국의 대형 상업은행에 처음으로 적용한 새로운 DEA 모형으로 Charnes et al.(1989) 및 Charnes et al.(1990) 등에 의하여 발전된 효율성 분석과정에 의사결정자의 가치판단을 반영하는 방법이다. Cone - ratio 접근법은 AR 방법보다 일반적인 방법이다. Charnes et al.(1990)은 위험에 대한 알려지지 않은 충당금과 유사한 요소들이 고려될 필요가 있을 때 은행성과를 평가하기 위하여 'cone‒ratio envelopment'라 불리는 접근법을 발전시켰다(Cooper et al., 2006). Brockett et al.(1997)은 효율성뿐만 아니라 위험보상과 관련한 텍사스 외(non‒Texas) 은행의 성과를 반영할 목적으로 원자료를 변환하기 위하여 cone‒ratio DEA를 사용하였다.

Cone‒ratio 모형의 착안점은 투입 및 산출에 명백하게 구체화되지 않은 관계를 평가에 넣는 것이며, 효율적인 DMU의 경제적 생존능력을 확실하게 하기 위하여 투입 및 산출에 대한 최적의 원뿔모양(conical) 또는 볼록한(convex) 조합에 대하여 적절한 제약을 적용하는 것이다. Cone‒ratio 모형은 기존 DEA 모형으로부터 확장되었고 구조가 DEA 모형과 유사하다(Sun, 1988).

(1) 가중치 허용영역으로서의 다면볼록원추

먼저 v‒space를 관찰하여, 가중치 v의 실행 가능한 영역이 허용 가능한 비음의 방향벡터 $(a_j)(j=1,\cdots,k)$인 k에 걸친 다면볼록원추(polyhedral convex cone)에 있도록 제한한다. 따라서 실행 가능한 v는 식 (Ⅲ‒13) 및 식 (Ⅲ‒14)로 표시된다(Cooper et al., 2006).

$$v = \sum_{j=1}^{k} \alpha_j a_j \quad with \ \alpha_j \geq 0 (\forall j) \quad \cdots\cdots\cdots (\text{Ⅲ}-13)$$

$$= A^T \alpha \quad \cdots\cdots\cdots\cdots\cdots\cdots\cdots\cdots\cdots\cdots (\text{Ⅲ}-14)$$

여기서 $A^T = (\alpha_1, \cdots, \alpha_k) \in R^{m \times k}$ 그리고 $\alpha^T = (\alpha_1, \cdots, \alpha_k)$

다면볼록원추를 V라 정의하면

$$V = A^T \alpha$$

2차원의 사례가 <그림 Ⅲ-13>에 묘사되어 있다.

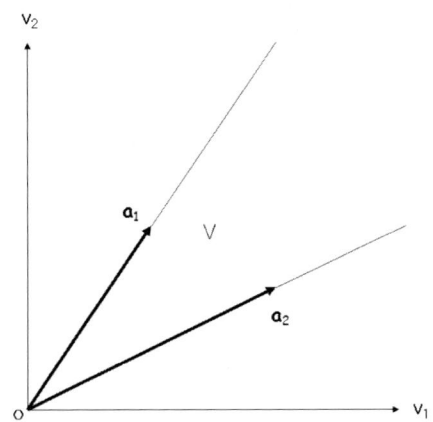

〈그림 Ⅲ-13〉 두 벡터에 의하여 생성된 convex cone

마찬가지로 U를 정의하기 위하여 허용 가능한 비음의 방향벡터 (b_j) $(j = 1, \cdots, l)$인 l에 걸쳐 있는 다면볼록원추 U에서 산출 가중치 u의 실행 가능한 영역을 제한한다. 따라서 실행 가능한 u는 식 (Ⅲ-15) 및 식 (Ⅲ-16)으로 표시된다(Cooper et al., 2006).

$$U = \sum_{j=1}^{l} \beta_j b_j \quad with \ \ \beta_j \geq 0 (\forall j) \ \cdots\cdots\cdots\cdots\cdots\cdots (\text{III} - 15)$$

$$= B^T \beta \ \cdots\cdots\cdots\cdots\cdots\cdots\cdots\cdots\cdots\cdots\cdots\cdots (\text{III} - 16)$$

여기서 $B^T = (b_1, \cdots, b_l) \in R^{m \times i}$ 그리고 $\beta^T = (\beta_1, \cdots, \beta_j)$

(2) Cone-ratio 방식의 공식

A와 B에 의하여 이루어진 다면볼록원추 V와 U가 주어지면 다음 식 (III-17)의 CCR 모형을 가질 수 있다(Cooper et al., 2006).

$$(CRP_0) \ \ \underset{v,u}{\max} \ uy_0 \ \cdots\cdots\cdots\cdots\cdots\cdots\cdots\cdots\cdots (\text{III} - 17)$$

subject to $vx_0 = 1$

$\quad - vX + uY \leq 0$

$\quad v \in V$

$\quad u \in U$

각각 m과 s 공간에서 양의 사분면 $V = R_m^+$과 $U = R_s^+$일 때 (CRP_0)는 보통의 CCR 문제와 일치한다.

식 (III-14)와 식 (III-16)을 사용하여 (CRP_0)를 행벡터 α 및 β에 의한 다음 식 (III-18)의 문제로 변환할 수 있다.

$$(CRP'_0) \ \ \underset{\alpha,\beta}{\max} \ \beta(By_0) \ \cdots\cdots\cdots\cdots\cdots\cdots\cdots\cdots (\text{III} - 18)$$

subject to $\alpha(Ax_0) = 1$

$\quad -\alpha(AX) + \beta(BY) \leq 0$

$\quad \alpha \geq 0$

$\quad \beta \geq 0$

(CRP_0)의 쌍대모형은 다음 식 (Ⅲ-19)와 같이 실변수 θ와 벡터변수 $\lambda = (\lambda_1, \cdots, \lambda_n)^T$로 표시될 수 있다.

$$(CRD'_O) \quad \min_{\theta, \lambda} \theta \quad \cdots\cdots\cdots\cdots\cdots\cdots\cdots\cdots\cdots\cdots\cdots\cdots \quad (Ⅲ-19)$$

subject to $\theta(Ax_0) - (AX)\lambda \geq 0$

$\quad (By_0) - (BY)\lambda \leq 0$

$\quad \lambda \geq 0$

이들 식으로부터 polyhedral cone-ratio 방법은 변환된 양의 데이터 $\overline{X}$와 $\overline{Y}$ 외에는 역시 같은 DMU를 평가하는 CCR 포락모형과 일치한다.

$$\overline{X} = AX \in R^{k \times n} \text{ and } \overline{Y} = BY \ INR^{l \times n}$$

(3) 허용 가능한 사용법 선정방법

Cone-ratio DEA에서 허용 가능한 투입 및 산출 가중치 벡터를 선택하는 방법은 여러 가지가 있으나 다음의 것이 가장 일반적으로 사용된다(Cooper et al., 2006).

(i) 허용 가능한 가중치의 비율에 대하여 전문가의 지식을 사용한다.

(ii) 먼저 원 CCR 모형을 적용한 다음 효율적인 DMU 중에서 선택하고 싶은 DMU를 선정한다. 허용 가능한 방향으로 선택하고 싶은 DMU에 대한 최적 투입 및 산출 가중치의 집합을 사용한다.

(iii) 그리고 위 두 가지 방법을 결합할 수도 있다.

6. 서열화 모형

기본적으로 DEA의 결과는 DMU들을 효율적이며 Pareto 변경 (frontier)으로 정의되는 것과 비효율적인 것의 두 집합으로 분류한다. 모든 DMU들을 서열화하기 위해서는 다른 접근법 또는 변경이 요구된다. 가끔 의사결정자들은 이분법적 분류를 넘어 DMU의 평가를 상세히 하기 위하여 완전한 서열화에 관심을 가진다. 서열화를 위한 방법으로는 교차효율성기법, 초효율성기법, 벤치마킹을 통한 DMU의 평가방법, 다변량 통계방법 및 다요소의사결정방법 등이 있다(Adler et al., 2002). 본 연구에서는 서열을 위한 방법으로서 교차효율 분석 및 초효율 분석에 대하여 살펴본다.

6.1. 교차효율 분석

교차효율 분석(cross-efficiency analysis)은 Sexton et al.(1986)에 의하여 개발되었으며, Doyle and Green(1994) 등에 의하여 발전된 효율성 분석 기법이다. Doyle and Green(1994)은 의사결정자들이 AR 선택에 있어서 항상 합리적인 기법을 갖고 있는 것은 아니라고 주장하였으며 DMU 의 서열화를 위한 교차평가행렬을 권고했다.

교차효율성 방법은 n 선형계획으로 평가된 최적 가중치를 사용하여 단순히 각 DMU에 대하여 n번의 효율성 점수를 계산한다(Adler et al., 2002). DMU k에 의한 DMU j의 교차효율성은 DMU j의 투입 및 산출 수준과 DMU k의 투입 및 산출 가중치를 사용하였을 때 얻어지는 가중투입에 대한 가중산출의 비율이며 그 식은 (Ⅲ-20)과 같다 (Sexton et al., 1986).

$$E_{kj} = \frac{\sum\limits_{r=1}^{s} u_{rk} y_{rj}}{\sum\limits_{i=1}^{m} v_{ik} x_{ij}} \quad \cdots\cdots\cdots\cdots\cdots\cdots\cdots\cdots\cdots\cdots\cdots\cdots\cdots\cdots\cdots\cdots (Ⅲ-20)$$

교차효율성은 $n \times n$행렬로 쉽게 나타낼 수 있는데, 여기에서 E_{kj} 는 k행 j열을 나타내며 이를 교차효율성행렬이라 한다. 교차효율성 행렬에서 대각선에 있는 효율성 점수는 기본 DEA의 점수를 나타내며 이를 자기평가효율성(self-rated efficiencies)이라 한다(Sexton et al., 1986). 그리고 교차효율성행렬은 어떤 DMU가 다른 DMU의 최적 DEA 가중치에 어떻게 잘 실행되는가에 대한 정보를 제공한다(Talluri and Yoon, 2000).

교차효율성행렬의 예는 <표 Ⅲ-2>와 같다(Doyle and Green, 1994).

〈표 Ⅲ-2〉 교차효율성행렬의 예

Rating DMU	Rated DMU						Averaged appraisal of peers
	1	2	3	4	5	6	
1	E_{11}	E_{12}	E_{13}	E_{14}	E_{15}	E_{16}	A_1
2	E_{21}	E_{22}	E_{23}	E_{24}	E_{25}	E_{26}	A_2
3	E_{31}	E_{32}	E_{33}	E_{34}	E_{35}	E_{36}	A_3
4	E_{41}	E_{42}	E_{43}	E_{44}	E_{45}	E_{46}	A_4
5	E_{51}	E_{52}	E_{53}	E_{54}	E_{55}	E_{56}	A_5
6	E_{61}	E_{62}	E_{63}	E_{64}	E_{65}	E_{66}	A_6
	e_1	e_2	e_3	e_4	e_5	e_6	

Averaged appraisal by peers(peer appraisal)

<표 Ⅲ-1>에서 단순효율성은 주된 대각선에 있으며, E_{25}는 DMU 2의 가중치를 사용한 DMU 5에 상응한 교차효율성이다. A_k와 e_k는 자기평가(self-appraisal)인 주된 대각선을 제외한 평균치와 이를 포함한 평균치로 구할 수 있다. Doyle and Green(1994)은 교차효율성이 동료평가의 직관적 해석과 함께 추가 제약에 덜 자의적이고, 권위주의(외부적으로 부여된 가중치) 또는 완전한 자기본위(자기평가)에 반대함으로써 민주적 과정의 올바른 의미를 더 가짐을 시사하였다. n개의 DMU에 대한 자기평가를 제외한 평균치는 식 (Ⅲ-21)로 나타낼 수 있다.

$$e_k = \frac{1}{n-1} \sum_{j \neq k} E_{kj} \cdots\cdots\cdots\cdots\cdots\cdots\cdots\cdots\cdots (Ⅲ-21)$$

교차효율 분석에서 DMU k의 단순효율성을 최대화시키는 유일하지 않은 가중치는 교차효율성의 유용성을 감소시킬 수 있는 요소이다. 그래서 다른 DMU에 대한 k의 평가는 해법절차가 처음 찾아내는 선형계획에 대한 선택적인 해법에 달려 있으며, 불명료함을 해결하기 위하여 2차 목적함수를 도입할 수 있다. 가중치의 어떤 선택은 k의 가중치로 판단되는 어떤 특정한 DMU에 대한 낮은 교차효율성을 이끌어 내며, j에 대한 높은 교차효율성을 이끌어 낼 수 있다. 이것은 원목적으로서의 k에 대한 최대 단순효율성을 얻을 수 있을 뿐만 아니라 2차 목적으로서 어떤 방법으로 다른 DMU의 교차효율성을 최소화하는 가중치의 특정한 선택이 있을 수 있다는 가정을 이끌어 낸다. Sexton et al.(1986)은 이것을 적극적 공식화(aggressive formulation)라고 하였다. 반대로 원목적으로서의 k에 대한 최대 단순효율성을 얻을 수 있을 뿐만 아니라 2차 목적도 어떤 방법으로 다른 DMU의 교차효율성을 최대화하는 가중치의 선택은 호의적 공식화(benevolent formulation)로 알려져 있다. 호의적 또는 적극적 공식화를 지지하며 선형계획 알고리즘이 실제로 찾아내는 다수 해법에 의지하는 2차 목적이 없는 원목적을 임의적 공식화(arbitrary formulation)라고 한다(Doyle and Green, 1994).

6.2. 초효율 분석

초효율 분석(super-efficiency analysis)은 효율적인 DMU들의 순위를 정하는 절차로서 Andersen and Petersen(1993)이 제안하였다.

초효율 분석에서 비효율적인 DMU의 효율성 점수는 CCR DEA 또는 BCC DEA의 효율성 점수와 같지만, 효율적인 DMU에 있어서는 1보다 큰 효율성 점수를 보이므로 효율적인 DMU들의 순위를 정할 수 있다.

이 방법은 식 (Ⅲ-22)에서 보는 바와 같이 원공식(primal formulation)에서 k번째 제약을 제거함으로써 극단적인 단위 k가 1보다 큰 효율성 점수를 얻게 될 수 있다(Adler et al., 2002).

$$h_k = max \sum_{r=1}^{s} u_r y_{rk} \quad\cdots\cdots\cdots\cdots\cdots\cdots\cdots\cdots\cdots\cdots\cdots\cdots\cdots\cdots\cdots\cdots\cdots (Ⅲ-22)$$

subject to

$$\sum_{i=1}^{m} v_i x_{ij} - \sum_{r=1}^{s} u_r y_{rj} \geq 0 \quad for \quad j = 1, \cdots, n, \quad j \neq k$$

$$\sum_{i=1}^{m} v_i x_{ik} = 1$$

$$u_r \geq e \quad for \quad r = 1, \cdots, s$$

$$v_i \geq e \quad for \quad i = 1, \cdots, m$$

평가대상 DMU를 참조집합에서 제외하는 결과를 두 투입을 사용하여 하나의 산출을 가정하는 $A \sim E$의 다섯 DMU를 가진 <표 Ⅲ-3> 및 <그림 Ⅲ-14>에서 쉽게 이해할 수 있다. 그림에서 효율적 부분집합은 선분 BC 및 CD이다. 그러나 효율적 DMU의 참조집합은 다르다. 우선, DMU A의 평가를 고려할 경우, A는 B에 비하여 'input 2'에서 여유를 가져 명백히 비효율적이다. 비효율적인 DMU의 제거나 참조집합의 걸침에 영향을 주지 않는다. 다음, DMU C의 평가를 고려할 경우, BCC 모형에 따르면 효율적인 *C*의 경우 참조집합은 *C* 자체이며 효율성은 1이다. 참조집합의 걸침에서 *C*의 제거는 *C*가 *C* 에 대한 최소거리를 지닌 DMU(*A*, *B*, *D*, *B*, *D* 및 *E*)의 잔여집합 에 의하여 걸쳐 있는 투입가능집합에 있는 비효율적인 점에 비교함 을 의미한다. 참조점은 그래서 *C* =(6.0, 6.0)이 되고 *C*의 효율성은 1.2가 된다. 마지막으로, 비효율적인 *E*의 평가를 고려할 경우, 비효율 적 DMU의 제거는 참조집합에 영향을 주지 않는다(Andersen and Petersen, 1993).

〈표 Ⅲ-3〉 실험 데이터

구분	A	B	C	D	E
input 1	2.0	2.0	5.0	10.0	10.0
input 2	12.0	8.0	5.0	4.0	6.0
output 1	1.0	1.0	1.0	1.0	1.0

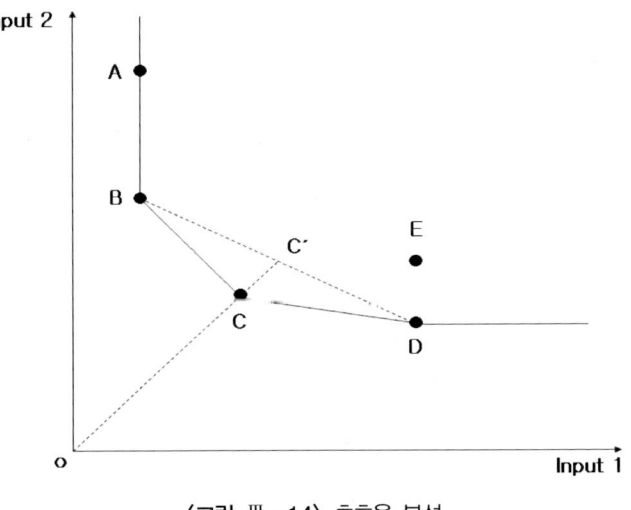

〈그림 Ⅲ-14〉 초효율 분석

7. 효율성 변화 모형

지금까지 정태적 조건(static conditions)하의 DEA의 사용을 다루었는데, 이는 일정 시점에서의 DMU의 효율성을 분석할 수 있으나 일정 기간의 효율성 변화를 분석할 수는 없었다. 본 연구에서는 시간의 경과에 따른 효율성의 변화를 분석할 수 있는 동태적(dynamic) · 시간종속적(time dependent) 환경하의 DEA 사용기법인 윈도우 분석과 맘퀴스트 생산성 지수를 살펴본다.

7.1. 윈도우 분석

DEA의 시간종속적 사용방법인 윈도우 분석(window analysis)의 명칭과 기본개념은 이 기법을 개발한 미(美) 육군 모병사령부(U.S Army Recruiting Command)의 통계과장 Klopp(1985)에 의해 정립되었다(Cooper et al., 2006). 그는 박사학위논문에서 시간변화/횡단면 기술효율성 모형(time varying/cross sectional technical efficiency model)을 미(美) 육군 모병의 분석에 응용하였다. 5개 모병여단 아래 56개 모병대대를 DMU로 정의하고 1977 회계연도부터 1984 회계연도 2/4분기까지 30분기를 대상으로 11개의 투입요소와 4개의 산출요소를 사용하여 횡단면 분석(cross sectional analysis), 기술효율성에 있어서의 계절적 특성(seasonality) 및 순환적 효과(cyclic effects)의 3단계로 기술효율성의 변화를 분석하였다(Klopp, 1985).

DEA는 기초가 되는 투입 및 산출의 관계가 변하지 않는다면 상이한 기간의 DMU 집합(collection)의 참조에 의하여 개별 DMU도 평가할 수 있다. 윈도우 분석은 하나의 DMU를 상이한 기간에서 수행한 DMU에 대하여 교차참조(cross reference)에 의하여 평가하는 DEA 기법이다. 윈도우 분석은 평가환경(context of the evaluation)을 확장하고 참조집합의 크기를 확대한다(Sun, 1988).

DEA에서 DMU별 투입·산출자료가 기간(연, 분기 등)별로 주어진 경우 기간별 효율성 점수로도 전체 시계열 관점에서 효율성의 흐름을 개략적으로 파악할 수는 있으나 단위 DMU별로 특정 기간의 효율성 점수를 다른 기간의 효율성과 직접 비교하기에는 무리가 있다. 단위 DMU의 효율성 상승 또는 하락과 같은 변화추이나 효율성 변동의 안정성을 비교하기 위한 방법으로 윈도우 분석을 이용할 수 있다. 윈도우 분석은 여러 기간으로 구성된 분석기간을 윈도우로 설정하고 동일 DMU를 서로 다른 DMU로 간주하여 분석을 수행하는 것이다. 즉 분석기간의 길이를 설정하고 해당 윈도우에 속하는 자료를 패널화하여 분석하는 방법이다. 이 기법을 사용한 분석결과는 행 관점(row views)과 열 관점(column views)에 따라 의미를 부여할 수 있다. 열 관점에서는 이동과 대체에 따라 발생하는 서로 다른 데이터집합에 대한 안정성(stability)을 검증할 수 있으며 효율성이 안정적인지, 하락하고 있는지 또는 개선되고 있는지 여부를 판단할 수 있다. 행 관점에서는 동일한 데이터집합에 대해서 윈도우별 추세와 관찰 행태 또는 둘 중 하나(trends and/or observed behavior)를 판정할 수 있으며 안정적인지 또는 비안정적인지 여부를 판단할 수 있다(박만희, 2008; Cook and Seiford, 2009; Cooper et al., 2006; Sun, 1988).

DMU 수(n) 10, 기간 수(k) 8 및 윈도우 길이(P) 3이라고 가정하고 윈도우 분석결과의 예를 표로 나타내면 <표 Ⅲ-4>와 같다.

여기서 E_{ij}는 윈도우 단위로 DEA 모형을 통해 산출된 효율성 점수이고, R_{ij}는 윈도우 단위별로 산출된 효율성 점수의 행 평균값이고, C_{ij}는 DMU별 기간에 대한 효율성 점수의 열 평균값이며, T_i는 DMU별 효율성 점수의 전체 평균값이다.

<표 Ⅲ-4> 윈도우 분석결과 예시

구분	기간								평균	전체 평균
	Q_1	Q_2	Q_3	Q_4	Q_5	Q_6	Q_7	Q_8		
	E_{11}	E_{12}	E_{13}						R_{11}	
		E_{12}	E_{13}	E_{14}					R_{12}	
			E_{13}	E_{14}	E_{15}				R_{13}	T_1
DMU1				E_{14}	E_{15}	E_{16}			R_{14}	
					E_{15}	E_{16}	E_{17}		R_{15}	
						E_{16}	E_{17}	E_{18}	R_{16}	
	C_{11}	C_{12}	C_{13}	C_{14}	C_{15}	C_{16}	C_{17}	C_{18}		
⋮	⋮	⋮	⋮	⋮	⋮	⋮	⋮	⋮	⋮	⋮
	E_{101}	E_{102}	E_{103}						R_{101}	
		E_{102}	E_{103}	E_{104}					R_{102}	
			E_{103}	E_{104}	E_{105}				R_{103}	T_{10}
DMU10				E_{104}	E_{105}	E_{106}			R_{104}	
					E_{105}	E_{106}	E_{107}		R_{105}	
						E_{106}	E_{107}	E_{108}	R_{106}	
	C_{101}	C_{102}	C_{103}	C_{104}	C_{105}	C_{106}	C_{107}	C_{108}		

이 방법의 단점은 시작기간과 종료기간의 DMU는 다른 데이터들만큼 비교되지 못해 비교횟수가 적다는 것인데, 시작기간인 Q_1과 종료기간인 Q_8에 있는 DMU는 하나의 윈도우에서 한 번만 평가되기 때문이다.

이러한 문제해결을 위해 Sueyoshi는 'round robin' 방식을 제시하였는데 <표 Ⅲ-4>의 경우에 있어서 제시된 방법은 3기간($P=3$)분석을 수행한 후 다시 2기간($P=2$)분석을 수행하므로 비교대상의 수가 2^p-1로 증가한다. 이로 인해 비교횟수가 증가하는 문제가 있으므로 활용에 신중하여야 한다(박만희, 2008; Cooper et al., 2006).

Sun(1988)의 연구에서 제시한 내용을 해석하여 정리한 <표 Ⅲ-5>의 공식은 윈도우 분석의 속성을 연구하기 위하여 사용될 수 있다(Cooper et al., 2006).

<표 Ⅲ-5> 윈도우 분석을 위한 공식

구 분	공 식	기호설명
윈도우 수(no. of windows)	$w=k-p+1$	n =number of DMUs k =number of periods p =length of window $(p \leq k)$ w =number of windows
각 윈도우에서의 DMU 수 (no. of DMUs in each window	$np/2$	
다른 DMU 수 (no. of 'different' DMUs)	npw	
DMU 수 증가분(△no. of DMUs)	$n(p-1)(k-p)$	

총 DMU 수를 유도하는 공식이 Charnes and Cooper에 의하여 다음과 같이 제시되었다(Cooper et al., 2006).

총 다른 DMU 수(total no. of different DMUs): $n(k-p+1)p$

$$(\text{III}-23)$$

이 함수를 p에 대하여 미분하고 0이라고 하면

$$p = \frac{k+1}{2} \quad \cdots\cdots\cdots\cdots\cdots\cdots\cdots\cdots\cdots\cdots\cdots\cdots\cdots\cdots (\text{III}-24)$$

이며, 이 결과는 정수이어야 하는 것은 아니므로 식 (III-23) 및 식 (III-24)의 조화를 위하여 식 (III-24)를 다음과 같이 수정한다.

$$p = \begin{cases} \dfrac{k+1}{2} & when \ k \ is \ odd \\ \dfrac{k+1}{2} \pm \dfrac{1}{2} & when \ k \ is \ even \end{cases} \quad \cdots\cdots\cdots\cdots\cdots\cdots\cdots (\text{III}-25)$$

식 (III-25)에서 k가 짝수인 경우 $n(k-p+1)p = n[(k+1)p - p^2]$이고, $p = \dfrac{k+1}{2} \pm \dfrac{1}{2}$을 대입하고 정리하면 식 (III-26)을 얻을 수 있다.

$$n\left[(k+1)(\frac{k+1}{2} - \frac{1}{2}) - (\frac{k+1}{2} - \frac{1}{2})^2\right]$$
$$= \left[(k+1)(\frac{k+1}{2} + \frac{1}{2}) - (\frac{k+1}{2} + \frac{1}{2})^2\right]$$
$$= \frac{n}{4}\left[(k+1)^2 - 1\right] \quad \cdots\cdots\cdots\cdots\cdots\cdots\cdots\cdots\cdots (\text{III}-26)$$

7.2. 맘퀴스트 생산성 지수

맘퀴스트 생산성 지수(Malmquist productivity index, MPI)의 개념은 Malmquist(1953)에 의하여 처음 도입되었으며, Caves et al.(1982) 및 Färe et al.(1992) 등 여러 학자들에 의하여 비모수적 체제에서 더욱 연구되고 발전되었다. Caves et al.은 이 지수를 'Malmquist productivity index' 라고 칭하였다(Caves et al., 1982; Färe et al., 1992; Lovell, 1993). MPI는 DMU의 총요소생산성 성장을 나타내는 지수로서 효율성의 진보 또는 퇴보를 반영함과 함께 다수투입 및 다수산출체제하에서 두 기간 사이의 변경기술(frontier technology)의 진보 또는 퇴보를 반영한다(Cooper et al., 2006). MPI는 모든 DMU들이 비용을 최소화하고 수입을 최대화한다고 가정하지 않기 때문에 공공부문 및 비영리조직들을 분석할 때 특히 유용하다. 이러한 조직에서는 비용최소화 및 수입최대화의 가정이 타당하지 않은 경향이 일반적이기 때문이다(유금록, 2004). Färe et al.(1994)은 시간의 경과에 따른 생산성을 측정하는 DEA 기반의 MPI를 개발하였다(Cook and Seiford, 2009).

MPI는 가격(values)에 의하여 정의되는 피셔지수(Fisher index)와는 달리 기술(technology)에 관한 주요한 정보, 즉 투입 및 산출의 양에 의하여 정해지는 거리함수(distance functions)에 의하여 정의된다(Färe and Grosskopf, 1992). 성장회계추정법과는 달리 투입요소에 대한 비용비중이나 소득분배율에 대한 자료를 필요로 하지 않는다. 분석에 이용되는 거리함수는 크게 투입기준 거리함수와 산출기준 거리함수로 구분된다. 이들은 DEA에서와 동일한 개념으로 전자는 일정 수준의 산출량을 생산하는 데 소요되는 투입량을 최소화하는 거리함수를 추정하는 것이고, 후자는 주어진 투입량으로 최대한 생산할 수 있는 산출량의 거리함수를 추정하는 것이다. 그리고 총요소생산성을 기술진보와 기술효율성 요인으로 분해하는 MPI 방법론은 생산성 향상과 관련하여 중요한 시사점을 제공한다. 만약 기술진보의 둔화로 생산성이 악화되고 있는 경우라면 생산변경을 상향 이동시킬 수 있는 기술혁신을 유도하는 정책이 필요할 것이고, 기술비효율성이 높아 잠재적인 생산기술을 충분히 활용하지 못하고 있는 경우라면 신기술의 도입과 더불어 기술을 파급시키고 활용을 증진시키는 정책을 통하여 생산성 향상을 제고할 수 있다. MPI도 DEA와 마찬가지로 투입지향 MPI와 산출지향 MPI로 구분하여 계산할 수 있다(박만희, 2008). 본 연구에서는 산출지향 MPI에 관하여 다음과 같이 살펴본다(박만희, 2008; Färe et al., 1994).

산출기준 생산성 변화의 맘퀴스트 지수를 정의하기 위하여 각 기(time period)를 $t = 1, 2, \cdots, T$, 모든 가능한 투입요소와 산출요소 벡터의 집합으로 구성되는 생산기술 S^t는 투입 $x^t \in R_t^m$을 산출 $y^t = R_t^s$로 변환한다고 가정하면 다음 식 (Ⅲ-27)이 성립된다.

$$S^t = (x^t, y^t) : \ x^t \ canproduce \ y^t) \ \cdots\cdots\cdots\cdots\cdots\cdots (\text{Ⅲ}-27)$$

t기에 대한 산출거리함수는 다음 식 (Ⅲ-28)과 같이 정의된다.

$$D_o^t(x^t, \ y^t) = inf \left\{ \theta : \ (x^t, \frac{y^t}{\theta}) \in S^t \right\}$$

$$= \left[sup \ \{ \theta : \ (x^t, \ \theta y^t) \in S^t \} \right]^{-1} \ \cdots\cdots\cdots\cdots .(\text{Ⅲ}-28)$$

위에 정의된 산출거리함수는 주어진 투입요소 x^t를 이용하여 산출물 벡터 y^t를 최대로 확장할 수 있는 값의 역수로 주어진다. 특히, $(x^t,\ y^t) \in S^t$이면 $D_O^t(x^t,\ y^t) \leq 1$이고 $(x^t,\ y^t)$가 기술변경상에 존재하면 $D_O^t(x^t,\ y^t) = 1$이다. 이는 $\theta = 1$을 의미하고 Farrell(1957)의 정의에 따르면 기술적으로 효율적인 생산이 일어날 때 발생한다. 이를 그림으로 표현하면 <그림 Ⅲ-15>와 같다.

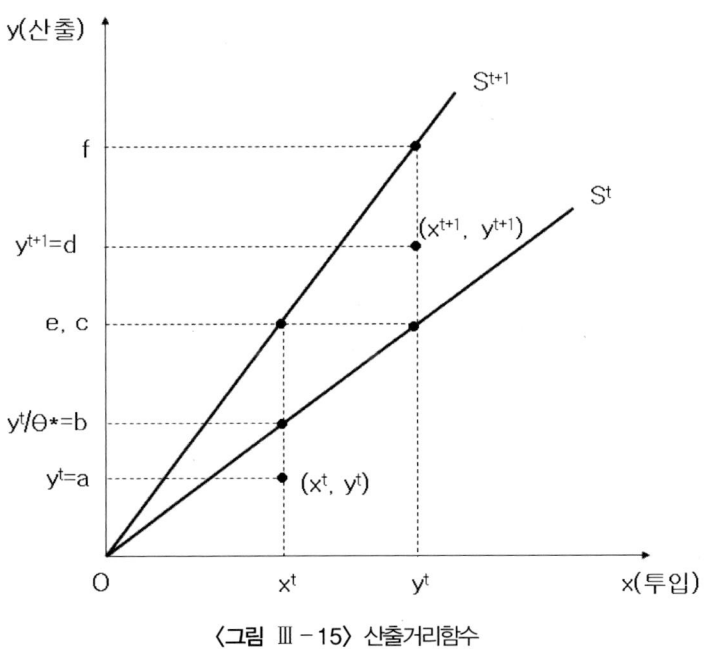

〈그림 Ⅲ-15〉 산출거리함수

t기에서 기술변경 내부에 존재하는 $(x^t,\ y^t)$는 기술적으로 비효율적이다. 거리함수는 주어진 투입요소를 이용하여 최대로 생산할 수 있는 산출물의 역수이며 그림에서 x^t가 주어졌을 때 최대로 생산 가

능한 산출은 $\dfrac{y^t}{\theta^t}$이다. 이 관측치에 대한 거리함수 값은 $\dfrac{Oa}{Ob}$이고 1

보다 작다. 이를 일반화하면 관측치 $(x^t,\ y^t)$에 대한 거리함수 값은

$\dfrac{\|y^t\|}{\|y^t/\theta^t\|}$이다.

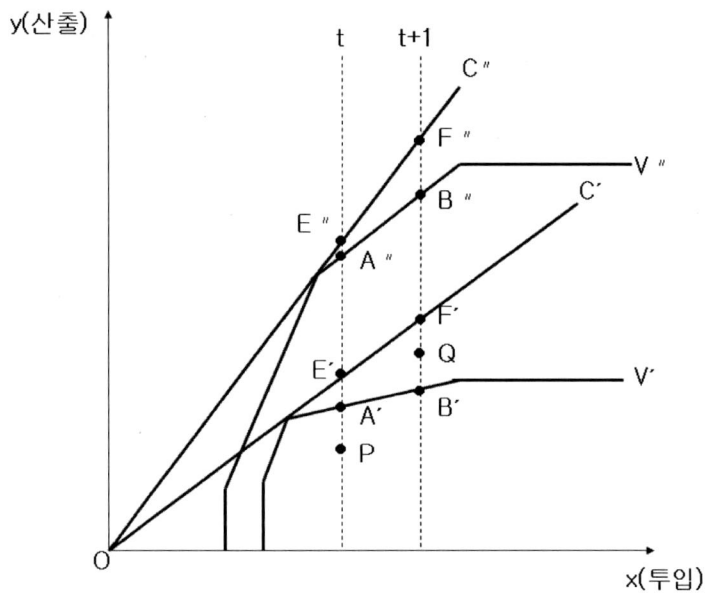

〈그림 Ⅲ-16〉 맘퀴스트 생산성 지수-산출거리함수

　　MPI를 정의하기 위하여 〈그림 Ⅲ-16〉과 같이 단일 투입요소를
사용하여 단일 산출물을 생산하는 경우를 살펴보자. 〈그림 Ⅲ-16〉
에서 평가대상이 되는 DMU들의 투입·산출요소 조합으로부터 그림
과 같은 생산가능곡선을 도출하였다고 가정하자. t기에서 관찰한 특
정 DMU의 산출량은 P이고 $t+1$기에서 관찰한 산출량은 Q라고 하

자. t기에서 C는 규모수익불변(CRS)하에서의 생산가능곡선이고, V'는 t기에서 규모수익가변(VRS)하에서의 생산가능곡선이라고 정의하자. 주어진 투입량 X^t를 이용하여 규모수익불변상황에서 최대한으로 생산 가능한 산출량은 $E' = \dfrac{y^t}{\theta^t}$이다. θ^t는 식 (III-28)을 통해 얻어지는 해이며 $\theta^* = \dfrac{P}{E'}$의 비율에 의해서 결정된다.

t기에서와 마찬가지로 $t+1$기에서의 산출거리함수는 다음 식 (III-29)과 같이 정의할 수 있다.

$$D_o^t(x^{t+1},\, y^{t+1}) = inf\left\{\theta:\ (x^{t+1},\, \frac{y^{t+1}}{\theta}) \in S^{t+1}\right\}$$
$$= \left[s\,up\ \{(x^{t+1},\, \theta y^{t+1}) \in S^{t+1}\}\right]^{-1} \quad\cdots\cdots\cdots\cdots\cdots\cdots (III-29)$$

위 식 (III-29)는 t기의 생산기술을 이용하여 $(x^{t+1},\, y^{t+1})$이 실행 가능한 범위 내에서 최대로 생산할 수 있는 산출량의 정도를 측정하는 거리함수이다. 동일한 개념으로 $t+1$기의 생산기술을 이용하여 $(x^t,\, y^t)$가 실행 가능한 범위 내에서 최대로 생산할 수 있는 산출량의 정도를 측정하는 거리함수를 $D_o^{t+1}(x^t, y^t)$로 표기할 수 있다.

MPI는 t기에서의 생산기술을 가정한 상태에서 서로 다른 두 기간 t, $t+1$의 투입·산출 조합을 통해 나음 식 (III-30)과 같이 정의할 수 있다.

$$M_t = \frac{D_o^t(x^{t+1},\ y^{t+1})}{D_o^t(x^t,\ y^t)} \quad \cdots\cdots\cdots\cdots\cdots\cdots\cdots\cdots\cdots\cdots\cdots\cdots (\text{III}-30)$$

마찬가지로 $t+1$기의 생산기술을 가정한 상태에서 서로 다른 두 기간 t, $t+1$의 투입·산출 조합을 통해 MPI를 다음과 같이 정의할 수 있다.

$$M^{t+1} = \frac{D_o^{t+1}(x^{t+1},\ y^{t+1})}{D_o^{t+1}(x^t,\ y^t)} \quad \cdots\cdots\cdots\cdots\cdots\cdots\cdots\cdots\cdots (\text{III}-31)$$

생산기술에 대한 임의의 기준(arbitrary benchmark) 선정의 문제를 피하기 위해 두 MPI의 기하평균을 이용하여 산출지향 맘퀴스트 생산성 변화지수를 정의하면 다음 식 (III-32)와 같다.

$$M_o(x^{t+1},\ y^{t+1},\ x^t,\ y^t) = \left[\frac{D_o^t(x^{t+1},\ y^{t+1})}{D_o^t(x^t,\ y^t)} \cdot \frac{D_o^{t+1}(x^{t+1},\ y^{t+1})}{D_o^{t+1}(x^t,\ y^t)} \right]^{\frac{1}{2}}$$

$$\cdots\cdots\cdots\cdots\cdots\cdots\cdots\cdots\cdots\cdots\cdots\cdots\cdots\cdots\cdots\cdots (\text{III}-32)$$

$M_o(x^{t+1},\ y^{t+1},\ x^t,\ y^t) > 1$이면 t기에 비해서 $(t+1)$기에 생산성이 증가하였다는 것을 의미하고, $M_o(x^{t+1},\ y^{t+1},\ x^t,\ y^t) < 1$이면 감소하였다는 것을 의미하며, $M_o(x^{t+1},\ y^{t+1},\ x^t,\ y^t) = 1$이면 변화가 없다는 것을 나타낸다. 식 (III-32)는 다음 식 (III-33)과 같이 나타낼 수 있다.

$$M_0(x^{t+1},\ y^{t+1},\ x^t,\ y^t)$$

$$= \frac{D_o^{t+1}(x^{t+1},\ y^{t+1})}{D_o^t(x^t,\ y^t)} \cdot \left[\frac{D_o^t(x^{t+1},\ y^{t+1})}{D_o^{t+1}(x^{t+1},\ y^{t+1})} \cdot \frac{D_o^t(x^t,\ y^t)}{D_o^{t+1}(x^t,\ y^t)} \right]^{\frac{1}{2}}$$

$$= TECI \cdot TCI \quad\cdots\cdots\cdots\cdots\cdots\cdots\cdots\cdots\cdots\cdots (\text{III} - 33)$$

식 (III-33)에서 괄호 밖의 수식은 두 기간$(t,\ t+1)$의 거리함수 비율을 나타낸다. 이를 기술효율성변화지수(technical efficiency change index, TECI)라고 부르며 두 기의 기술효율성변화를 평가하는 척도이다. 괄호 안의 기하평균은 두 기간$(t,\ t+1)$ 동안의 기술변화지수(technical change index, TCI)라고 부르며 두 기간 사이의 생산기술 변화, 즉 효율적인 변경으로의 이동이 생산성 변화에 어떻게 기여하는가를 평가하는 척도이다.

기술효율성변화지수(TECI)는 다시 순수효율성변화지수(pure efficiency change index, PECI)와 규모효율성변화지수(scale efficiency change index, SECI)로 구분할 수 있다. 식 (III-33)은 식 (III-34)와 같이 나타낼 수 있다.

$$M_o(x^{t+1},\ y^{t+1},\ x^t,\ y^t)$$

$$= \frac{V_o^{t+1}(x^{t+1},\ y^{t+1})}{V_o^t(x^t,\ y^t)} \cdot \left[\frac{V_o^t(x^t,\ y^t)}{D_o^t(x^t,\ y^t)} \cdot \frac{V_o^{t+1}(x^{t+1},\ y^{t+1})}{D_o^{t+1}(x^{t+1},\ y^{t+1})} \right] \cdot$$

$$\left[\frac{D_o^t(x^{t+1},\ y^{t+1})}{D_o^{t+1}(x^{t+1},\ y^{t+1})} \cdot \frac{D_o^t(x^t,\ y^t)}{D_o^{t+1}(x^t,\ y^t)} \right]^{\frac{1}{2}}$$

$$- PECI \cdot SECI \cdot TCI \quad\cdots\cdots\cdots\cdots\cdots\cdots\cdots\cdots (\text{III} - 34)$$

따라서 MPI는 식 (Ⅲ-34)와 같이 순수효율성변화지수(PECI), 규모효율성변화지수(SECI) 및 기술변화지수(TCI)의 세 부분으로 분해하여 추정할 수 있다. 위 수식에서 $V_o t(x^t, y^t)$는 t기의 규모수익가변하에서의 산출거리함수를 나타내고, $\dfrac{V_o^{t+1}(x^{t+1}, y^{t+1})}{V_o^t(x^t, y^t)}$는 t기에 대한 $(t+1)$기의 순수효율성변화를 평가하는 척도이다. $\dfrac{V_o^t(x^t, y^t)}{D_o^t(x^t, y^t)}$는 t기에서의 규모수익불변기술에 대한 규모수익가변기술의 산출거리함수의 비율을 나타내고 이는 규모효율성변화지수를 의미한다.

이상에서 설명한 수식의 의미와 MPI 개념을 <그림 Ⅲ-15>를 이용하여 설명하면 다음과 같다. 그림에서 t기와 $(t+1)$기에서 생산된 산출량이 P와 Q라고 하자. 또한 t기에서 규모수익불변하에서의 생산가능곡선을 C', 규모수익가변하에서의 생산가능곡선을 V'이라 하고, $(t+1)$기에서 규모수익불변하에서의 생산가능곡선을 C'' 규모수익가변하에서의 생산가능곡선을 V''이라 하자. 규모수익불변하의 효율적 산출량은 시점 t에서 E', F'이라 하고, $(t+1)$기에서 E'', F''이라 하자. 규모수익가변하의 효율적 산출량은 t기에서 A', B'이라 하고, $(t+1)$기에서 A'', B''이라고 하자. 그림을 이용하여 식 (Ⅲ-33)과 (Ⅲ-34)를 다시 표현하면 다음 식 (Ⅲ-35)와 같다.

$$M_o(x^{t+1}, y^{t+1}, x^t, y^t) = \left(\frac{Q/F'}{P/E'}\right)\left[\frac{E'}{E''} \cdot \frac{F''}{F'}\right]^{\frac{1}{2}}$$

$$= \left(\frac{Q/B'}{P/A'}\right) \cdot \left(\frac{E'/A'}{F''/B''}\right)\left[\left(\frac{E''}{E'}\right)\left(\frac{F''}{F'}\right)\right]^{\frac{1}{2}} \quad\cdots\cdots\cdots (Ⅲ-35)$$

식 (Ⅲ-35)의 첫 번째 항은 규모수익불변 기술하에서의 기술효율
성 변화지수를 나타낸다. 이는 추격(catching up) 잠재력을 의미하고,
학습 및 지식파급효과, 시장경쟁력, 비용구조 및 설비가동률 개선 등
의 영향을 반영하는 지수이다. 두 번째 제곱근 항은 규모수익불변 기
술수준에 대한 두 기간 간의 생산가능곡선의 상대적 이동을 나타내
는 기술변화지수이다. 기술변화지수는 혁신(innovation) 잠재력을 반영
하는 것이며, 신제품, 생산공정혁신, 새로운 경영기법 및 외부충격 등
생산가능곡선을 이동시키는 요인으로부터 영향을 받는다. 식 (Ⅲ-
35)에 표현된 순수효율성변화지수는 규모수익가변 기술수준에서 효
율성의 상대적 변화를 의미한다. 규모효율성변화지수는 두 기간 간의
규모수익가변 기술수준에 대응하는 규모수익불변 기술수준에서의 최
대산출량의 비율로 정의된다.

식 (Ⅲ-35)를 이용하여 MPI를 계산하기 위해서는 6개 거리함수,
$D_o^t(x^t, y^t)$, $D_o^{t+1}(x^{t+1}, y^{t+1}, y^{t+1})$, $D_o^t(x^{t+1}, y^{t+1})$, $D_o^{t+1}(x^t, y^t)$,
$V_o^t(x^t, y^t)$, $V_o^{t+1}(x^{t+1}, y^{t+1})$을 추정해야 한다. 거리함수 추정에
는 비모수적 방법인 선형계획법을 이용하는 DEA 방법을 주로 이용
하고 있다.

8. DEA의 절차

DEA에 의한 효율성 연구를 수행하는 주요 3단계는 다음과 같으며
이들 3단계는 각각 몇몇 단계로 이루어졌는데 전체적인 절차를 그림

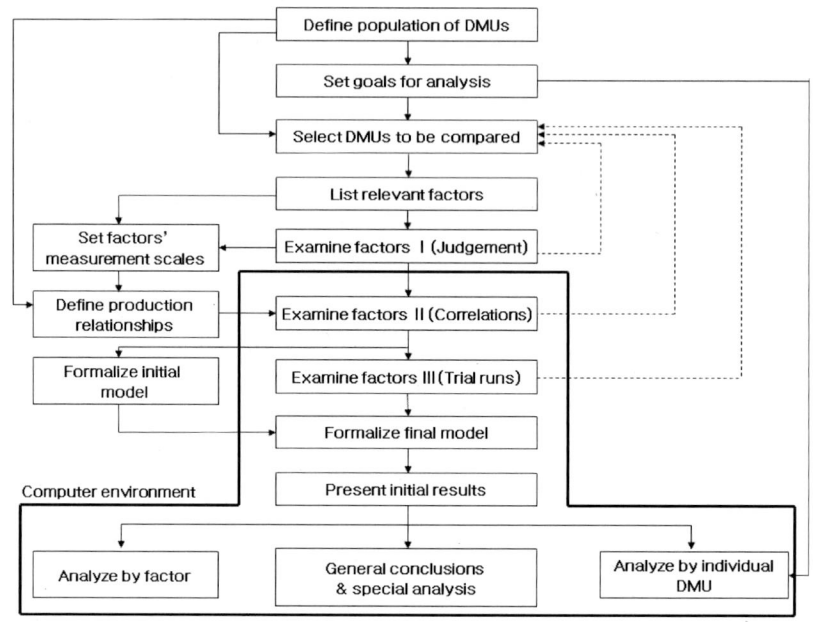

〈그림 Ⅲ-17〉 DEA application flow chart

으로 표현하면 <그림 Ⅲ-17>과 같다(Golany and Roll, 1989).

첫째, 분석에 들어가기 위한 DMU의 정의 및 선택

둘째, 선택된 DMU의 상대적 효율성 평가를 위해 관련된 적당한 투입요소 및 산출요소의 결정

셋째, DEA 모형의 적용 및 결과의 분석

DMU 및 요소의 선정 방법 등에 관하여 여러 학자들이 의견을 제시하였다. Sun(1988)은 그의 박사학위논문에서 적당한 투입 및 산출의 집합을 선정하기 위하여 다음 지침을 사용하였다.

첫째, 투입 및 산출은, 경영에 의하여 통제 및 조정 그리고 정량화가 가능하여야 하며 공식목표의 달성에 중요하여야 한다는 점에서,

경영성과의 적절한 수단 또는 기술어(descriptors)이어야 한다.

둘째, 투입 및 산출은 투입의 증가가 산출을 증가시키거나 또는 최소한 산출을 감소시키지 않아야 하는 것으로 정의된다.

셋째, 투입 및 산출은 동일한 평가기간에 걸쳐 소비되거나 생산된 순 가치(net value)이며, 누적 또는 축적된 양이 아니다.

넷째, 투입 및 산출은 양의 수량(positive quantities)이어야 하며, 또는 최소한 평가에서 양의 수량으로 전환될 수 있어야 한다.

Golany and Roll(1989)은 DEA에 의하여 효율성 연구를 수행함에 있어서 일반적 경험으로 DMU 수는 투입 및 산출로 고려된 수의 최소한 2배이어야 한다고 하였다. 그리고 요소의 선정은 판단적 심사(judgemental screening), DEA에 의하지 않는 양적 분석(non-DEA quantitative analysis) 및 DEA에 기초한 분석(DEA based analysis)의 3단계로 수행될 수 있다고 하였다.

Roll et al.(1989)은 이스라엘 공군 정비부대의 효율성을 측정하면서 투입요소 및 산출요소의 선정절차로서 판단적 접근(judgemental approach)과 분석적 접근(analytical approach)을 사용하였다. 판단적 접근은 여러 가지 요소의 질적 평가에 기초하며, 주요 고려사항으로는 요소들이 총효율성에 상관될 것으로 보이는 정도, 요소들 사이의 관계 및 필요한 숫자로 나타낸 자료의 이용도를 제시하였다. 분석적 접근은 DEA를 위한 가장 적절한 요소를 분리하기 위하여 여러 가지 양적인 모형이 시도되며, 그 절차는 효율성 비율의 같은 면에서 요소들 사이의 상관관계의 쌍대적 분석, 각각의 산출요소에 대한 DEA 모형의 적용 및 선택적인 DEA 공식의 적용을 제시하였다.

Chilingerian(1995)은 회귀분석과 상관분석이 투입과 산출 사이에 존재하는 긍정적 연관(positive association)과 두 투입변수 사이의 적당한 상호상관성 및 두 산출변수 사이의 매우 약한 상호상관성을 확실히 한다고 하였다.

Lovell and Pastor(1997)는 변수제거기법은 모든 변수들을 포함하는 완전한 radial DEA 모형과 완전한 모형으로부터 어떤 변수들을 제거하여 얻은 축소된 모형의 효율성 점수 비교에 기초하며, 완전한 모형의 최소한의 투입 및 산출은 축소된 모형에 반드시 속하여야 한다고 하였다.

Friedman and Sinuany－Stern(1998)은 일반적 경험으로 투입 및 산출변수$(m+s)$의 총 개수는 DMU 수의 1/3 미만이어야 하며 때때로 중복되는 변수들을 찾아낼 필요가 있다고 하였다. 그리고 투입의 상관행렬과 산출의 상관행렬을 사용할 수 있으며, 서로 간의 상관관계가 높은 투입 또는 산출변수를 제거할 수 있다고 하였다.

Pastor et al.(2002)은 효율성을 측정하기 위한 DEA 모형을 구축할 때 유용한 변수의 점진적 선정(progressive selection of variables)에 적용할 방법으로서 전방선택(forward selection)과 후방제거(backward elimination)를 제시하였다. 전방절차는 효율성을 평가하는 데 필수적이며 그 목적에 적절한 것이라고 생각되는 변수의 조합으로 이루어져 있는 기본모형으로 시작할 때 사용된다. 후방절차는 효율성을 평가하기 위하여 사용될 DEA 모형이 효율성 점수에 중대하게 영향을 주지 않고 어떤 변수를 제거함에 의하여 단순화될 수 있을 것인가라는 생각을 할 때 사용된다. 그리고 변수들과 효율성 점수 사이의 상관분석이 DEA 모형의 변수 선택을 위한 기준으로서 사용되어 왔다고 하였다.

Jenkins and Anderson(2003)은 변수 선택에 일반적으로 적용되는 지침으로서 투입변수 및 산출변수의 총수는 DMU 수의 1/3 미만이어야 한다고 하였으며, 정보의 최소손실을 원칙으로 어느 변수를 DEA 모형으로부터 생략할 것인지를 찾아내기 위하여 회귀 및 상관분석을 사용할 것을 제시하였다.

Cooper et al.(2006)은 일반적으로 만일 DMU 수(n)가 투입요소 및 산출요소를 합한 수($m+s$)보다 작다면 부적절한 자유도로 인하여 DMU의 많은 부분이 효율적인 것으로 인식될 것이고 DMU들 사이의 효율성 판별이 의심스럽기 때문에 DMU 수는 $m+s$를 몇 배 초과하여야 한다고 하였다. 대략적인 일반적 경험으로는 포락모형에 있어서 DMU 수를 $\{m \times s, \ 3 \times (m+s)\}$ 이상으로 선택한다고 하였다. 투입 및 산출 항목의 선정은 DEA의 성공적 적용에 결정적이므로 시작 시에는 투입 및 산출 항목이 적은 집합을 사용하고 추가된 항목의 효과를 관찰하기 위하여 점차로 그 집합을 확대할 것을 권고하였다.

Wagner and Shimshak(2007)은 DEA 변수의 단계적 선정 방식으로서 후방접근법과 전방접근법을 제안하였다. 이에 관하여 8.2.에서 상세히 설명한다.

8.1. DMU의 선정

DEA는 비교 가능한 단위(units)의 상대적 효율성을 평가하는 기법이다. 이것은 단위들 간에 성과의 차이가 있고 측정 가능하다는 기본 가정을 한다. 아주 유사한 조건하에서조차 단지 다른 의사결정자에 의하여 평가된다는 이유로 단위가 경영되는 방법에 있어서의 차이점을 항상 찾는다. 따라서 한편으로는 비교가 이해되는 단위의 동차집합(homogeneous set)을 찾으며 다른 한편으로는 그들 사이의 차이를 인식하려 한다. 이러한 모순된 고려가 DEA 응용의 모든 단계에 걸쳐 이루어지는데, DMU에 영향을 미치는 요소들을 인식하고 비교할 DMU를 선택하는 단계에 가장 현저하다.

단위의 동차집단(homogeneous group)은 다음 중 하나이다.

(i) 유사한 목적으로 동일한 과업을 수행할 것을 고려 중에 있는 단위

(ii) 시장 조건의 같은 집합하에서 수행하는 모든 단위(이것은 학교, 군대, 주립병원 및 법원과 같은 비영리조직의 분석에 있어서 특별히 중요하다)

(iii) 그룹에서의 모든 단위의 성과를 특징짓는 요소(투입 및 산출 모두)는 강도 또는 크기의 차이를 제외하고는 동일함

다음 단계는 비교집단의 크기를 결정하는 것이다. 한편으로는 단위의 수를 늘리려는 경향이 있는데, 이는 모집단이 커질수록 높은 성과를 낸 효율변경(efficiency frontier)을 결정할 단위를 획득할 가능성이 커지기 때문이다. 또한 큰 단위집합은 그 집합에서의 투입과 산출 사이의 전형적인 관계의 식별가능성을 높게 할 뿐만 아니라, 단위의 수가 증가하면 더욱 많은 요소들을 분석에 반영할 수 있다. 다른 한편으로는, 분석된 집합에서의 단위의 수가 커질수록 그 집합 안에서의 동질성(homogeneity)은 낮아지고 어떤 중요한 외부요소에 의하여 그 결과가 영향을 받을 가능성이 높아진다.

DEA 과정에 들어가기 위한 DMU의 결정은 두 종류의 한계에 의하여 영향을 받는다. 하나는 개별 단위를 정의하는 조직적, 물리적 또는

지역적 한계를 포함한다. 다른 하나는 DMU의 활동을 측정하는 데 사용된 기간에 관계된다. 가능하면 고려되어야 할 일정 기간은 계절 주기 및 예산 또는 감사기간에 관련된 자연적인 것이어야 한다. 그러한 기간의 길이에 관하여 장기간은 그들 안에서 일어나는 중요한 변화를 불명료하게 할 수 있으며, 반면에 단기간은 DMU의 활동의 불완전한 상황을 적용하게 할 수 있다. 또 하나의 고려대상은 비교를 왜곡함이 없이 얼마나 더 과거를 반영하느냐와, 윈도우 분석의 방법에 의하여 자료의 중복을 만들어 내느냐이다.

단위의 집합을 결정하기 위한 마지막 단계는 분석대상 그룹의 일반적 특징으로부터 벗어난, 즉 단위 또는 기간과 같은 이상점(outliers)으로 고려될 수 있는 DMU들을 가려내는 것이다. 이것은 최대한의 주의로써 수행되어야 하며 필요하다면 경영자의 조언과 조정으로써 수행되어야 한다.

효율성은 선택된 DMU와 요소에 관하여 측정되어야 한다. 최초의 선택이 분석의 목적에 가장 잘 맞는다는 점에서 옳다는 보장은 없다. 따라서 언급된 고려의 대상들은 <그림 Ⅲ-17>에 나타난 반복적인 방식에서 제시된 절차의 일부 적용을 요구할 수 있다. 이들 반복에 대하여 제안된 실제적인 중지규칙은 없으며 전적으로 구체적인 적용에 좌우된다. 그리고 DMU, 요소 또는 모형의 서로 다른 선택으로부터 도출된 하나 이상의 결과를 제안하는 것이 많은 응용에 있어서 유용할 수 있다(Golany and Roll, 1989).

8.2. 요소의 선정

   DMU의 성과를 평가하기 위하여 고려되어야 할 요소의 최초 목록
(initial list of factors)은 가능한 한 광범위하여야 한다. 모든 면에서 평
가되어야 할 DMU들에 영향을 미칠 수 있는 변화는 최초 목록에 포
함되어야 한다. 그러한 요소들은 DMU들에 의하여 전체 또는 부분적
으로 통제 가능하며 또는 DMU들의 통제 밖에 있는 환경적 요소가
될 수도 있다. 어떤 요소들은 즉시 이용할 수 있는 양적인 반면, 다른
요소들은 수적 가치에 일치시키기 어려운 사실상 질적일 수도 있다.
요소들은 투입 또는 산출일 수 있고 또는 생산관계의 양쪽에 둘 수도
있다. DMU의 성과에 관하여 어떤 관계를 가질 가능성이 있는 모든
요소들은 이 단계에서 어떤 숫자적 처리 없이 반드시 목록으로 만들
어져야 하며, 이것은 분명히 최초 목록에서 아주 큰 요소 수를 가져
올 수 있다.

   분석에 많은 수의 요소들을 도입하는 것은 DMU들의 차이점을 상
당 부분 설명할 수 있다. 이것은 비교된 DMU를 효율변경으로 향하여
이동시켜 상대적으로 많은 수의 DMU에 높은 효율성 점수를 부여할
것이다. 다음의 순서로, 신중히 선택된 한정된 수의 요소만을 도입할
것을 제의하고 DMU들 사이의 기본적 차이점을 강조한다. 그 후의 단
계로, 결과를 분석하면서 어떤 차이점을 설명하는지를 고찰하기 위하
여 추가적인 요소들을 모형에 가져올 수 있다.

   따라서 다음 단계는 일반적으로 긴 최초목록을 가장 관련 있는 요
소만을 포함하는 것으로 축소한다. 선택된 요소들은 비교된 DMU 사
이에서 명백히 차이를 나타내어야 하며 분석 목적에 효과적으로 도

움이 되어야 한다. 요소의 목록을 축소하는 절차는 앞에서 언급한 바와 같이 판단적 심사, DEA에 의하지 않은 양적 분석 및 DEA에 기초한 분석의 3단계로 수행될 수 있다(Golany and Roll, 1989).

본 연구에서는 DEA 요소의 선정 모형으로서 Wagner and Shimshak (2007)의 변수의 단계적 선정(stepwise selection of variables)을 살펴본다. 단계적 선정방식은 후방접근법(backwards approach)과 전방접근법 (forwards approach)으로 구분할 수 있다.

(1) 후방접근법

후방접근법은 DEA 모형에서 모든 가능한 투입변수 및 산출변수들을 고려하는 것으로 시작한다. 매 단계에서 DMU의 효율성 점수를 분석하여 하나의 변수를 탈락시킨다. 이론적으로 이 방법은 모형에 오직 하나의 투입변수와 산출변수가 남을 때까지 계속된다. 실용적 관점에서 볼 때 중지규칙은 아주 간단한(parsimonious) DEA 모형을 만들어 낼 의사결정기준을 사용하여 구체화된다.

일련의 $j = 1, \cdots, J$의 투입변수와 $k = 1, \cdots, K$의 산출변수가 있다고 가정할 때 후방접근법은 다음의 단계로 실행된다.

① start

J 투입변수와 K 산출변수의 완전한 집합을 포함하는 유일한 DEA를 실행하고, 이 실행에 대하여 각 DMU에 대한 효율성 점수를 기록한다(E^* 라 한다).

② step 1

$i = 1, \cdots, J+K$ DEA를 실행한다. 매 실행에 있어서 한 번에 투입변수 한 개를 탈락시킨 다음 산출변수 한 개를 탈락시킨다. 매 분석에 대하여, 모든 i실행에 대하여 각 DMU에 대한 효율성 점수를 기록하고($E_{1,i}$라 한다), 각각의 DMU에 대하여 각각의 DMU의 효율성 점수에 있어서의 차이를 계산한다($E^* - E_{1,i}$). 그리고 효율성에 있어서의 평균 차이를 계산한다(i차이의 집합에 대하여).

위의 효율성 점수에 있어서의 최소평균차이를 지닌 변수선택에 의하여 하나의 탈락 투입변수 또는 산출변수를 선택한다. 최소한 각각 한 개의 투입변수 및 산출변수가 분석에서 유지되어야 한다. 만일 모형에 오직 한 개의 투입요소 또는 산출요소가 남아 있으면 이 한 개의 변수는 탈락시킬 수 없고 다른 변수가 위의 선택절차에 기초하여 반드시 고려되어야 한다.

선택된 탈락 변수에 대한 DEA 결과를 E_n^* 이라 하면, E_n^* 은 남아 있는 투입변수 및 산출변수에 대한 DMU의 효율성 점수에 근거한다.

③ step$i = 1, \cdots, J+K-n$ $n+1$

일련의 DEA를 실행하는 각 단계를 반복한다. 남아 있는 $J+K-n$ 투입변수 및 산출변수로 결과 E_{n+1}과 E_n^*(전 단계로부터의 효율성 점수)를 비교하고 효율성 점수에 있어서의 최소평균차이에 기초하여 탈락 변수를 선택한다.

④ stop

이 방법은 모형이 각각 한 개의 투입변수와 산출변수로 줄어들 때에 끝낸다. 예를 들면, 효율성 점수의 변화가 미리 정한 수준에 이르렀을 때와 같은 조기 단계에서 끝내는 절차를 허용할 규칙을 구체화하는 것이 가능하다. 단계별 DEA 절차가 특정한 형태의 DEA 모형에 의지해서는 안 된다. 이 절차는 같은 모형이 모든 단계에서 일관성 있게 사용되는 한 규모수익불변 또는 규모수익가변, 투입지향 또는 산출지향인 경우에 모두 사용할 수 있다.

(2) 전방접근법

만일 시작시점에서 각각 한 개의 투입 및 하나의 산출의 핵심모형이 결정될 수 있다면 변수들을 DEA 모형에서 탈락시키는 대신에 추가하는 단계적 방법 또한 채택될 수 있는데, 이것이 전방접근법이다. 전방단계적 접근법(forwards stepwise approach)에서 목표는 총효율성 점수에서 가장 큰 차이를 일으키는 변수들을 찾는 것이다.

(3) 중지규칙

위의 후방접근법이나 전방접근법의 각 단계를 실행하면서 어느 단계에서 투입변수 또는 산출변수를 탈락 또는 추가시키는 것을 중지할 것인가가 문제이다.

각 단계의 마지막에서 탈락시켜야 할 변수를 결정하는 방법은 몇 가지 방법을 적용할 수 있다. 후방접근법에서는 효율성 점수에 있어서 가장 작은 평균차이를 주는 변수를 탈락시키는 대신에, 중요한 변수를 인식하고 분석에 관한 변수들의 영향을 결정하기 위하여 가장 큰 영향을 주는 변수를 탈락시킬 수도 있다. 만일 필요하다면 동점 때 결말짓는 것(tie-breaker)으로서 효율성 점수에 있어서 최소평균변화를 사용하여 완전히 효율적인 DMU들의 수를 최대한 유지하는 변수를 탈락시키는 것 또한 가능하다.

몇 가지 가능한 중지규칙은 다음과 같다.

(i) 효율성 점수에서의 평균차이가 어떤 최대수준을 초과할 때

(ii) 어느 한 효율성 점수에서의 변화가 어떤 최대수준을 초과할 때

(iii) 효율적 DMU 수가 어떤 최소의 수 이하로 떨어질 때

8.3. 투입지향모형과 산출지향모형의 선택

DEA 모형은 투입지향모형과 산출지향모형으로 구분할 수 있다. 투입지향모형은 산출수준은 유지하면서 투입요소 사용량의 비례감소로 기술효율성을 계산하며, 산출지향모형은 투입수준은 유지하면서 산출물 생산의 비례증가로 기술효율성을 계산한다.

두 모형은 규모수익불변 가정하에서는 동일한 값을 가지지만 규모수익가변 가정하에서는 값이 다르다. 투입지향모형과 산출지향모형의 선택여부가 계량경제 추정에서 문제가 되는 것은 아니다. 모든 산업에 적용되는 것은 아니지만 많은 선행연구결과에 따르면 기업에 있어서 투입량 선정이 주요 의사결정변수로 대두되므로 투입지향모형을 선택하는 경향이 있다 한다. 그러나 고정된 자원량을 이용하여 산출량을 증가시키고자 하는 일부 산업에서는 산출지향모형을 사용하는 것이 바람직하다. 즉 투

입요소와 산출요소 중에서 관리 및 통제가 가능한 요소가 무엇인지에 따라 투입지향 또는 산출지향모형을 선택할 수 있다.

투입지향모형과 산출지향모형의 선택기준을 요약하면 <표 Ⅲ-6>과 같다(박만희, 2008).

<표 Ⅲ-6> 투입지향모형과 산출지향모형의 선택기준

모형	선택기준	요약
투입지향 또는 투입최소화	투입요소의 조합을 통해 생산하는 DMU의 산출물 수준이 주어졌을 때 현재의 산출수준을 유지하면서 투입요소의 사용량을 얼마나 줄일 수 있는가를 파악하고자 하는 경우	산출고정 투입최소화
산출지향 또는 산출최대화	DMU에 의해서 사용된 투입요소의 수준이 주어졌을 때 달성해야 할 산출수준을 파악하고자 하는 경우	산출최대화 투입고정

8.4. 결과의 제시 및 분석

DEA의 마지막 단계로 결과를 제시하고 분석한다. 결과분석을 통하여 다음 사항을 파악할 수 있다.

첫째, DMU별 효율성 점수를 통하여 효율성 점수 순위를 파악할 수 있고, 효율적인 DMU와 비효율적인 DMU를 구분할 수 있다.

둘째, DMU별 투입요소 및 산출요소에 대한 가중치를 파악하여 어떤 요소가 해당 DMU의 효율성에 영향을 준 정도를 파악할 수 있다.

셋째, DMU별 참조집합이 제공하는 가중치(λ_j^*)의 결합을 통하여 비효율적인 DMU의 비효율성의 정도를 투영할 수 있으며, 비효율성의 원인에 대하여 벤치마킹할 수 있다(박만희, 2008). 그리고 비효율적으로 나타난 DMU의 효율성 개선방안을 모색할 수 있다.

넷째, DMU별 규모수익 및 규모효율성을 계산할 수 있다.

다섯째, 동태적 상황하의 분석을 통하여 효율성 및 생산성의 변화를 분석할 수 있고 생산성 개선방향을 모색할 수 있다.

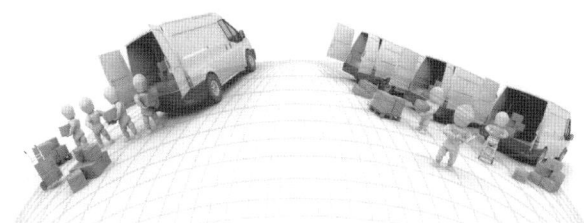

IV

우편집중국의 효율성 분석

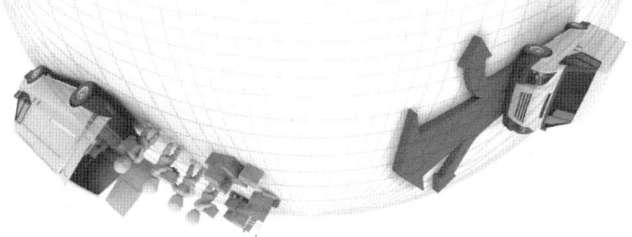

1. 분석체계

본 연구에서 우편집중국의 효율성 분석은 DMU의 선정, 투입·산출요소의 선정, 정태적 분석 및 동태적 분석의 순으로 실행하였다. 투입·산출요소는 판단적 심사를 거친 후 후방단계적 접근법 (backwards stepwise approach)을 적용하여 선정하였다.

정태적 분석으로는 DEA 일반 모형인 CCR 모형 및 BCC 모형에 의한 분석, 가중치 제약 모형인 DEA - AR 모형과 cone - ratio DEA 모형에 의한 분석 그리고 서열화 모형인 교차효율 분석 모형 및 초효율 분식 모형을 실행한다. DEA - AR 모형 분석과정에서 AR을 설정하기 위하여 AHP 설문조사를 실시하였으며, cone - ratio DEA 모형은 자료변환 분석 및 요소의 선호순서를 반영한 분석을 실행하였다. 동태적 분석으로는 윈도우 분석 및 맘퀴스트 생산성 지수 분석을 실행하였다. 이 과정을 요약하면 <그림 Ⅳ - 1>의 분석체계도와 같이 나타낼 수 있다.

2. DMU, 투입 · 산출요소 및 투입 · 산출지향모형의 선정

본 연구에서 DMU는 Golany and Roll(1989)이 제시한 동차집단에 부합 여부를 기준으로 선정하였으며, 요소는 Golany and Roll(1989)이 제시한 요소 선정절차 중 판단적 심사와 Wagner and Shimshak(2007)의 단계적 선정방식 중 후방접근법에 의하여 선정하였다. 그리고 투입지향모형과 산출지향모형 중 투입지향모형을 선택하였다.

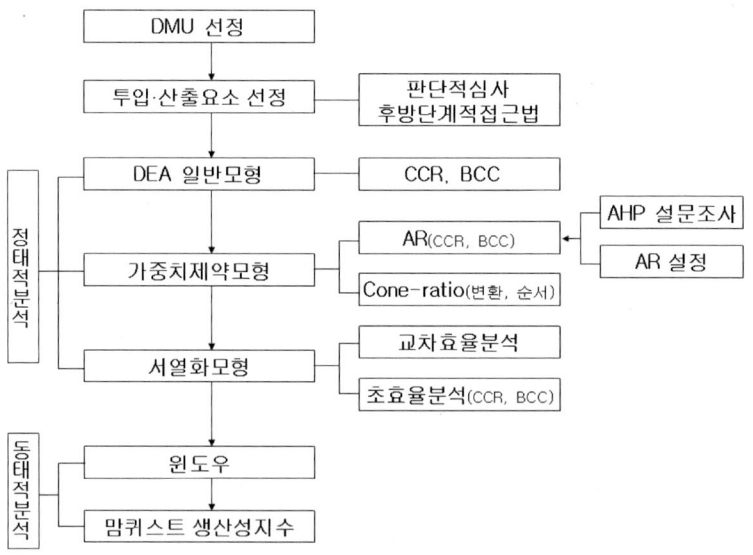

〈그림 Ⅳ-1〉 분석체계도

2.1. DMU의 선정

<표 Ⅱ-1>에서 보는 바와 같이 현재 우리나라에는 25개의 우편집중국이 운영되고 있으나 순천우편집중국은 2008년 7월 1일 순천우체국에 통합되어 그 기능을 순천우체국이 담당하고 있을 뿐만 아니라 투입인원, 비용, 처리물량 및 매출액 등도 순천우체국의 실적과 합산되고 경영성적평가도 순천우체국이 받고 있으므로 효율성 분석대상에서 제외하였다. 그러므로 효율성 분석대상 우편집중국은 서울우편집중국을 비롯한 총 24국으로 하는데, 이들은 Golany and Roll(1989)이 제시한 동차집단의 조건, 즉 유사한 목적으로 동일한 과업을 수행할 것을 고려 중에 있는 단위, 시장조건의 같은 집합하에서 수행하는 모든 단위, 그룹에서의 모든 단위를 특징짓는 요소는 강도 또는 크기의 차이를 제외하고는 동일해야 한다는 조건에 부합하였다.

2.2. 투입요소 및 산출요소의 선정

본 연구에서는 우편집중국의 효율성에 영향을 미칠 수 있는 모든 요소들을 망라하고 이들에 대하여 판단적 심사 및 후방접근법에 의하여 적절한 요소를 선정하였다(이재설 · 고현우, 2009a).

(1) 투입 · 산출요소 선정 기초자료

우편집중국의 효율성에 영향을 미칠 수 있는 투입요소로는 시설, 인력 및 비용이 있으며 산출요소로는 처리물량 및 매출액이 있는데,

이를 정리하면 <표 IV-1>과 같다. 이들 중 시설은 우편집중국의 대지, 건물 및 기계시설로 구분할 수 있으며, 기계시설은 다시 소형통상구분기, 대형통상구분기, 플랫구분기, 소포구분기, 특수통상구분기 및 트레이구분기 등으로 구분할 수 있다. 인력은 정규직원과 비정규직원으로 구분할 수 있다. 투입·산출요소 선정을 위한 기초자료로 사용하기 위하여 이들 13개 요소에 대한 자료를 수집하여 정리한 결과는 <표 IV-2>와 같다.

〈표 IV-1〉 효율성에 영향을 미칠 수 있는 요소

투입요소	산출요소
시설(대지, 건물, 기계시설) 인력(정규직, 비정규직) 비용	처리물량 매출액

〈표 IV-2〉 투입·산출요소 선정 기초자료

DMU	투입요소											산출요소	
	대지 (㎡)	건물 (㎡)	소형 통상 구분 기 (식)	대형 통상 구분 기 (식)	플랫 구분 기 (식)	소포 구분 기 (식)	특수 통상 구분 기 (식)	트레 이구 분기 (식)	정규직 (인)	비정규 직 (인)	비용 (백만 원)	처리물량 (천 통)	매출액 (백만 원)
01140	23,865	31,222	5	2	2	1	1	1	181	306	23,988	1,560,527	158,026
02143	51,679	56,142	5	2	2	1	1	1	194	334	30,141	1,881,946	200,201
03210	14,214	7,150	1	1	0	1	0	0	51	42	4,713	90,402	592
04220	16,953	12,925	1	1	1	1	0	1	83	57	9,155	187,377	1,749
05321	96,608	32,492	3	1	1	1	0	1	131	197	18,530	454,419	6,227
06330	14,891	8,918	1	1	0	1	0	0	52	88	5,629	182,519	1,109
07360	11,260	11,122	1	1	1	1	0	1	65	68	7,513	201,349	2,201
08410	15,936	19,779	3	1	1	1	0	1	91	144	12,086	768,605	67,571
09421	26,688	33,734	5	1	2	1	1	1	125	222	18,163	1,225,648	118,818
10431	13,946	19,901	2	1	1	1	0	1	98	140	12,592	657,833	61,766
11443	15,578	10,733	2	1	1	1	0	1	80	107	10,395	377,737	10,169

12461	13,312	20,390	3	1	1	1	0	1	92	146	11,811	529,129	8,060
13480	26,319	35,496	4	1	2	1	0	1	104	175	14,478	584,071	19,537
14506	33,057	18,272	3	1	1	1	0	1	96	133	11,655	341,798	2,967
15526	41,585	12,942	1	1	0	1	0	0	56	70	6,589	87,089	82
16565	38,378	11,278	2	1	1	1	0	1	84	110	9,562	229,136	510
17618	37,246	31,510	5	2	2	1	1	1	148	259	19,063	617,152	14,975
18641	19,926	16,554	2	1	1	1	0	1	81	97	8,540	237,918	857
19660	17,567	6,603	1	1	0	1	0	0	56	89	5,800	129,552	775
20683	18,267	11,519	1	1	0	1	0	0	58	124	6,632	180,028	115
21690	10,541	10,200	1	0	0	1	0	0	56	30	15,922	84,816	1,751
22702	28,053	34,334	5	2	2	1	1	1	136	178	16,240	528,310	7,641
23760	12,184	6,298	1	1	0	1	0	0	55	73	5,771	131,708	398
24791	44,926	8,933	1	1	0	1	0	0	47	78	6,572	119,164	175

자료: 우정사업본부에서 수집한 자료를 정리한 것이며, DMU(우편집중국)의 명칭은 사용하지 않고 저자가
정한 기호로 표시하였음.

(2) 판단적 심사

<표 Ⅳ-2> 투입·산출요소 선정 기초자료 중에서 소포구분기는
모든 우편집중국이 1식을 보유하여 우편집중국 간 변별력이 없는 것
으로 판단되므로 투입요소에서 제외하였다. 특수통상구분기는 24국
중 5국만이 각각 1식을 보유하여 우편집중국 간 변별력이 떨어지는
것으로 판단되므로 투입요소에서 제외하였다. 트레이구분기는 24국
중 16국이 각각 1식을 보유하여 우편집중국 간 변별력이 떨어지는 것
으로 판단되므로 투입요소에서 제외하였다. 대형통상구분기와 플랫구
분기는 가 우편집중국별 보유수량이 모두 2대 이하이며 <표 Ⅳ-3>에
서 보는 바와 같이 이들의 우편물 처리물량 비율이 매우 낮아 우편집
중국 간 변별력이 떨어지는 것으로 판단되므로 투입요소에서 제외하
였다. 이와 같이 투입요소 11개 중 판단적 심사에 의하여 투입요소 5
개를 제외하였다.

〈표 Ⅳ-3〉 우편기계별 처리물량(2002년)

우편기계별	처리물량(백만 통)	비율(%)
서장구분기	3,805	92.5
대형통상구분기	168	4.1
플랫구분기	71	1.7
소포구분기	70	1.7

자료: 우정사업본부(2003)

(3) 후방접근법에 의한 분석

요소의 단계적 선정(stepwise selection)에 사용할 자료는 <표 Ⅳ-2>의 투입·산출요소 선정 기초자료 중에서 투입요소 및 산출요소로 적절치 않다고 판단한 대형통상구분기, 플랫구분기, 소포구분기, 특수통상구분기 및 트레이구분기를 제외한 대지, 건물, 소형통상구분기, 정규직, 비정규직 및 비용의 6개 투입요소와 처리물량 및 매출액의 2개 산출요소로 하였다. 요소의 단계적 선정방식에는 전방접근법과 후방접근법이 있는데, 전방접근법은 시작시점에서 하나의 투입요소 및 하나의 산출요소로 이루어지는 핵심모형을 결정하여야 하나 적합한 투입 및 산출요소를 선정하기 곤란하므로 전방접근법을 적용하지 않고, 이들 모든 요소를 사용하여 분석하는 것으로부터 시작하여 요소를 탈락시켜 나가는 후방접근법을 적용하였다. 이에 따라 단계별 CCR 모형 실행결과를 적용한 요소 선정과정과 단계별 효율성 점수 변화는 각각 <표 Ⅳ-4> 및 <표 Ⅳ-5>와 같다.

<표 Ⅳ-4> 후방접근법에 의한 요소 선정과정

구분	평균 효율성 점수	효율적 DMU 수	평균 효율성 점수 변화	탈락 여부
Start	0.58848	3		
Step 1(Deleting in turn), (0.58848)				
I_1: 대지	0.58508	3	0.00340	
I_2: 건물	0.57640	3	0.01208	
I_3: 소형통상구분기	0.57643	3	0.01205	
I_4: 정규직	0.58848	3	0.00000	탈락
I_5: 비정규직	0.56395	3	0.02453	
I_6: 비용	0.58680	3	0.00168	
O_1: 처리물량	0.24283	2	0.34565	
O_2: 매출액	0.58848	3	0.00000	탈락
Step 2(Starting with I_1, I_2, I_3, I_5, I_6, O_1 and deleting in turn), (0.58848)				
I_1: 대지	0.58508	3	0.00340	
I_2: 건물	0.57640	3	0.01208	
I_3: 소형통상구분기	0.57643	3	0.01205	
I_5: 비정규직	0.56395	3	0.02453	
I_6: 비용	0.58659	3	0.00189	탈락
O_1: 처리물량				
Step 3(Starting with I_1, I_2, I_3, I_5, O_1 and deleting in turn), (0.58659)				
I_1: 대지	0.58302	3	0.00357	탈락
I_2: 건물	0.57108	3	0.01551	
I_3: 소형통상구분기	0.56736	3	0.01923	
I_5: 비정규직	0.52192	2	0.06467	
O_1: 처리물량				
Step 4(Starting with I_2, I_3, I_5, O_1 and deleting in turn), (0.58302)				
I_2: 건물	0.55816	1	0.02486	
I_3: 소형통상구분기	0.56547	3	0.01755	탈락
I_5: 비징규직	0.51640	2	0.06662	
O_1: 처리물량				
Step 5(Starting with I_2, I_5, O_1 and deleting in turn), (0.56547)				
I_2: 건물	0.53489	1	0.03058	탈락
I_5: 비정규직	0.43513	1	0.13034	
O_1: 처리물량				
End				

〈표 IV-5〉 후방접근법 단계별 효율성 점수 변화

분석단계	Start	Step 1	Step 2	Step 3	Step 4	Step 5	End
투입요소	대지, 건물, 구분기, 정규직, 비정규직, 비용	대지, 건물, 구분기, 정규직, 비정규직, 비용	대지, 건물, 구분기, 비정규직, 비용	대지, 건물, 구분기, 비정규직	건물, 구분기, 비정규직	건물, 비정규직	비정규직
산출요소	처리물량, 매출액	처리물량, 매출액	처리물량	처리물량	처리물량	처리물량	처리물량
탈락요소		정규직, 매출액	비용	대지	구분기	건물	
DMU	점수	점수	점수	점수	점수	점수	점수
01140	1,00000	1,00000	1,00000	1,00000	1,00000	1,00000	0,90508
02143	1,00000	1,00000	1,00000	1,00000	1,00000	1,00000	1,00000
03210	0,38200	0,38200	0,38200	0,38200	0,38200	0,38200	0,38200
04220	0,58342	0,58342	0,58342	0,58342	0,58342	0,58342	0,58342
05321	0,41121	0,41121	0,41121	0,41121	0,41121	0,41100	0,40938
06330	0,52661	0,52661	0,52661	0,52661	0,52661	0,40948	0,36810
07360	0,53691	0,53691	0,53691	0,53691	0,53691	0,52850	0,52551
08410	0,98884	0,98884	0,98884	0,98884	0,98884	0,98884	0,94728
09421	1,00000	1,00000	1,00000	1,00000	1,00000	1,00000	0,97983
10431	0,97448	0,97448	0,97448	0,97448	0,91389	0,86403	0,83392
11443	0,70414	0,70414	0,70414	0,70414	0,70414	0,70414	0,62653
12461	0,69279	0,69279	0,69279	0,69279	0,66914	0,66901	0,64320
13480	0,60318	0,60318	0,60318	0,59384	0,59233	0,59233	0,59233
14506	0,47609	0,47609	0,47609	0,47609	0,47609	0,47609	0,45610
15526	0,23138	0,23138	0,23138	0,23138	0,23138	0,22080	0,22080
16565	0,40813	0,40813	0,40813	0,40813	0,40813	0,40813	0,36969
17618	0,48619	0,48619	0,48619	0,45255	0,45255	0,45255	0,42289
18641	0,43761	0,43761	0,43761	0,43531	0,43531	0,43531	0,43531
19660	0,40903	0,40903	0,40903	0,40903	0,40903	0,39255	0,25834
20683	0,47830	0,47830	0,47830	0,47830	0,47830	0,31269	0,25767
21690	0,50176	0,50176	0,50176	0,50176	0,50176	0,50176	0,50176
22702	0,52675	0,52675	0,52675	0,52675	0,52675	0,52675	0,52675
23760	0,42107	0,42107	0,42107	0,42107	0,42107	0,41841	0,32021
24791	0,34363	0,34363	0,34363	0,34363	0,34363	0,29351	0,27114
평균	0,58848	0,58848	0,58848	0,58659	0,58302	0,56547	0,53489
효율적 DMU수	3	3	3	3	3	3	1
효율성 평균변화			0	0,00189	0,00357	0,01755	0,03058

① **Start**

6개의 투입요소와 2개의 산출요소의 완전한 집합을 포함하는 DEA를 실행하였다. DEA는 CCR 모형을 적용하였으며, 이 실행에 대하여 각 DMU에 대한 효율성 점수를 기록하였다. 평균 효율성 점수는 0.58848이며 효율적인 DMU는 3개이다.

② **Step 1**

총 8개의 요소를 교대로 하나씩 탈락시키는 총 8회의 DEA를 실행하였다. 매 실행에 있어서 한 번에 투입요소 하나씩 탈락시킨 다음 산출요소 하나씩 탈락시켰으며, 매 실행에 대하여 효율성 점수를 기록하였다. 각각의 DMU에 대하여 각각의 DMU의 효율성 점수에 있어서의 차이를 Start 점수와 비교하여 평균차이를 계산하였다. 그 결과 <표 Ⅳ-4>에서 보는 바와 같이 투입요소 '정규직'과 산출요소 '매출액'을 탈락시킨 효율성의 평균차이는 없는 것으로 나타나 이들 두 요소가 24개 우편집중국의 효율성 변별에 영향을 주지 못한다고 할 수 있으므로 이들을 탈락시켰다.

Step 1의 분석결과, 정규직의 경우 각 우편집중국이 적정인원을 보유하고 있다고 할 수 있다. 그리고 매출액은 처리물량 중 접수물량에 따라서 발생하는 것이므로 매출액보다는 처리물량에 의하여 우편집중국의 효율성이 큰 영향을 받는다고 할 수 있다.

③ **Step 2**

투입요소 '정규직'과 산출요소 '매출액'을 탈락시키고 남은 투입요소 5개를 교대로 하나씩 탈락시키면서 DEA를 실행하였다. 산출요소는 하나밖에 남지 않았으므로 탈락시킬 필요가 없었다. Step 1의 효율성 점수와 비교한 결과 하나의 요소를 평균 효율성 점수의 변화가 0.00189로서 가장 작은 투입요소 '비용'을 탈락시켰다. 비용은 우편집중국의 인원 및 시설에 비례하여 증가될 수 있으므로 효율성에 영향을 덜 준다고 할 수 있다.

④ Step 3

투입요소 4개와 산출요소 1개를 사용하여 효율성 점수를 산출함에 있어서 매 실행마다 투입요소 하나씩을 교대로 탈락시켰다. Step 2의 DMU별 효율성 점수와 비교한 결과 평균 효율성 점수의 변화가 0.00357로서 가장 작은 투입요소 '대지'를 탈락시켰다.

⑤ Step 4

투입요소 3개와 산출요소 1개를 사용하여 효율성 점수를 산출함에 있어서 매 실행마다 투입요소 하나씩을 교대로 탈락시켰다. Step 3의 DMU별 효율성 점수와 비교한 결과 평균 효율성 점수의 변화가 0.01755로서 가장 작은 투입요소 '소형통상구분기'를 탈락시켰다.

⑥ Step 5

남아 있는 투입요소 2개와 산출요소 1개를 사용하여 효율성 점수를 산출함에 있어서 매 실행마다 투입요소 하나씩을 교대로 탈락시켰다. Step 4의 DMU별 효율성 점수와 비교한 결과 평균 효율성 점수의 변화가 0.03058로서 가장 작은 투입요소 '건물'을 탈락시켰다.

⑦ Stop(End)

최종적으로 투입요소 '비정규직'과 산출요소 '처리물량'만 남았기 때문에 단계별 분석을 중지하였다. 2008년도 우편집중국의 효율성에 큰 영향을 미치는 핵심적인 투입요소 및 산출요소는 각각 '비정규직' 및 '처리물량'이라고 할 수 있다.

⑧ 사용할 요소의 선정

Step 2를 마친 상태에서 효율적인 DMU와 효율성 점수를 전 단계인 step 1을 마친 상태와 비교하면 효율적인 DMU는 3개로 변화가 없었으나 효율성 점수는 0.00189점이 변화하였으며, Step 3을 마친 상태에서 전 단계를 마친 상태와 비교하면 효율적인 DMU는 3개로 변화가 없었으나 효율성 점수는 0.00357점이 변화하였다. 그러나 Step 4를 마친 상태에서 전 단계를 마친 상태와 비교하면 효율적인 DMU는 3개로 변화가 없었으나 효율성 점수가 0.01755점이 변화하여 변화폭이 급격히 증가하였다. Step 5를 마친 상태에서 전 단계를 마친 상태와 비교하면 효율적인 DMU가 1개로 나타나 2개가 감소하였고 효율성 점수는 0.03058점이 변화하여 0.00357점에서 0.01755점으로 변화한 전 단계보다 변화폭이 감소하였다. 그러므로 DEA에 사용할 요소를 선정하는 단계는 변수의 단계적 선정의 중지규칙을 적용하여 Step 3을 마친 단계로 하였다. Step 3을 마친 상태에서 남은 요소는 건물, 소형통상구분기, 비정규직 및 처리물량이며, 이를 정리하면 <표 Ⅳ-6>과 같다.

DMU	건물(㎡)	구분기(식)	비정규직(인)	처리물량(천 통)
01140	31,222	5	306	1,560,527
02143	56,142	5	334	1,881,946
03210	7,150	1	42	90,402
04220	12,925	1	57	187,377
05321	32,492	3	197	454,419
06330	8,918	1	88	182,519
07360	11,122	1	68	201,349
08410	19,779	3	144	768,605
09421	33,734	5	222	1,225,648
10431	19,901	2	140	657,833
11443	10,733	2	107	377,737
12461	20,390	3	146	529,129
13480	35,496	4	175	584,071
14506	18,272	3	133	341,798
15526	12,942	1	70	87,089
16565	11,278	2	110	229,136
17618	31,510	5	259	617,152
18641	16,554	2	97	237,918
19660	6,603	1	89	129,552
20683	11,519	1	124	180,028
21690	10,200	1	30	84,816
22702	34,334	5	178	528,310
23760	6,298	1	73	131,708
24791	8,933	1	78	119,164

(4) 투입요소 및 산출요소의 설명

24개 우편집중국의 효율성을 분석하는 3개의 투입요소 및 1개의 산출요소를 살펴보면 다음과 같다. 일반적으로 투입요소 및 산출요소의 수는 DMU 수의 1/3 미만이어야 한다는 조건에 부합하였다. 이들의 기술통계 및 상관관계는 각각 <표 Ⅳ-7> 및 <표 Ⅳ-8>과 같다.

<표 Ⅳ-7> 투입·산출자료의 기술통계

구분	건물(㎡)	구분기(식)	비정규직(인)	처리물량(천 통)
Max	56,142	5	334	1,881,946
Min	6,298	1	30	84,816
Average	19,518.625	2.45833333	136.125	474,509.708
SD	12,333.346	1.55400468	78.5664859	464,027.924

<표 Ⅳ-8> 투입·산출자료의 상관관계

구분	건물(㎡)	구분기(식)	비정규직(인)	처리물량(천 통)
건물(㎡)	1	0.89445385	0.89917739	0.84585833
구분기(식)	0.89445385	1	0.90458086	0.81410349
비정규직(인)	0.89917739	0.90458086	1	0.90677439
처리물량(천 통)	0.84585833	0.81410349	0.90677439	1

① 건물

2008년 12월 31일 현재 각 우편집중국의 건물면적(㎡)이다. 건물은 우편작업장과 이를 지원하는 시설들을 수용하는 구조물로서 충분한 작업장의 확보는 우편물의 원활한 처리에 매우 필요하다.

② 소형통상구분기

2008년 12월 31일 현재 각 우편집중국에 설치된 서장구분기의 수량이다. 우편집중국 처리 우편물량의 대부분을 차지하는 것은 소형통상우편물이며 대형통상우편물이나 소포우편물의 처리량은 그 비중이 작다.

③ 비정규직

2008년 12월 31일 현재 각 우편집중국의 비정규직원 수이다. 비정
규직은 작업의 양과 질 및 책임감 등에서 정규직에 미치지 못하므로
정규직과 구분하였다. 우편집중국에서 인력의 효율적인 투입은 우편
집중국 운영의 효율성에 매우 큰 영향을 미치므로 궁극적으로 필요
한 최소한의 인원을 투입하여야 한다. 이를 위해서는 우편물량의 증
감에 따른 탄력적인 인력운용이 필요한데 정규직보다는 비정규직원
이 탄력적 운용이 용이하다.

④ 처리물량

2008년 1월 1일부터 12월 31일까지 1년간 각 우편집중국에서 처리
한 우편물 수(단위: 천 통)이다. 우편집중국의 설치목적은 우편작업시
스템의 기계화 · 자동화를 통하여 당해 우편집중국 및 관할지역에서
접수되고 배달되어야 할 우편물을 신속 · 정확하게 처리하는 것이다.
그러므로 우편집중국의 중요한 최종 산출물은 처리한 우편물량이다.

2.3. 투입 · 산출지향모형의 선택

우편집중국의 효율성에 영향을 미칠 수 있는 요소들을 고려할 때
산출요소인 처리물량 및 매출액은 당해 우편집중국의 의사결정에 의
하여 증감이 곤란하다. 그러나 투입요소인 시설, 인력 및 비용은 어느
정도 관리 및 통제가 가능하다. 그러므로 본 연구에서는 산출지향모형
을 사용하지 않고 투입지향모형을 사용하여 분석을 실행하였다.

3. CCR 모형 및 BCC 모형 분석

3.1. CCR 모형 분석

CCR 모형으로 2008년도 24개 우편집중국의 효율성을 분석한 결과 <표 Ⅳ-9>와 같이 평균 효율성 점수는 0.58302이며, 3개 우편집중국이 효율적(효율성 점수 1)으로 나타나 효율성 점수 순위를 판별할 수 없었다. 효율적으로 나타난 우편집중국은 '01140', '02143' 및 '09421'이며 '08410', '10431' 및 '11443' 등의 순으로 그 뒤를 잇고 있다. '01140'은 비효율적인 우편집중국에 의하여 13회 참조되었으며 '02143'은 16회, '09421'은 6회 참조되었다. 가장 비효율적으로 나타난 우편집중국은 '15526'으로 효율성 점수는 '0.23138'이며 '24791', '03210' 및 '16565' 등의 순으로 그 뒤를 잇고 있다. 수도권에 소재한 8개 우편집중국(01140, 02143, 08410, 09421, 10431, 11443, 12461 및 13480)이 효율적이거나 효율성 점수가 높게 나타났고 수도권 외의 지역에 소재한 우편집중국의 효율성 점수는 낮게 나타났는데 이는 수도권 지역의 우편물 처리량이 타 지역에 비하여 많기 때문인 것으로 판단된다.

〈표 Ⅳ-9〉 CCR 분석결과

DMU	Score	가중치				Benchmarks (lambda)
		건물	구분기	비정규직	처리물량	
01140	1.00000	0.000032	0	0	0.0000006	13
02143	1.00000	0	0.1209354	0.0011836	0.0000005	16
03210	0.38200	0	0	0.0238092	0.0000111	02(0.04804)
04220	0.58342	0	0.0000008	0.0175438	0.0000053	02(0.09957)
05321	0.41121	0.0000074	0.0021319	0.003828	0.0000022	01(0.01092) 02(0.22606) 09(0.00975)
06330	0.52661	0.0000372	0.6681243	0	0.0000055	01(0.04882) 02(0.05650)
07360	0.53691	0.0000344	0.6174786	0	0.0000050	01(0.00229) 02(0.10509)
08410	0.98884	0.0000109	0	0.0054536	0.0000013	01(0.13610) 09(0.45382)
09421	1.00000	0.0000066	0	0.0034977	0.0000008	6
10431	0.91389	0.0000179	0.3217012	0	0.0000015	01(0.09373) 02(0.27183)
11443	0.70414	0.0000932	0	0	0.0000026	01(0.24206)
12461	0.66914	0.0000103	0.0029782	0.0053496	0.0000019	01(0.08352) 02(0.01383) 09(0.30413)
13480	0.59233	0	0	0.0057143	0.0000017	02(0.31035)
14506	0.47609	0.0000118	0	0.0059044	0.0000029	01(0.06040) 09(0.20197)
15526	0.23138	0	1	0	0.0000115	02(0.04628)
16565	0.40813	0.000015	0	0.0075502	0.0000044	01(0.14526) 09(0.00200)
17618	0.45255	0.0000062	0.0000001	0.0031084	0.0000016	01(0.23244) 09(0.20758)
18641	0.43531	0	0	0.0103093	0.0000042	02(0.12642)
19660	0.40903	0.0000407	0.7311099	0	0.0000077	01(0.07592) 02(0.00589)
20683	0.47830	0	1	0	0.0000056	02(0.09566)
21690	0.50176	0	0	0.0333333	0.0000118	02(0.04507)
22702	0.52675	0	0	0.005618	0.0000019	02(0.28073)
23760	0.42107	0.0000412	0.7403036	0	0.0000076	01(0.08331) 02(0.00091)
24791	0.34363	0.0000372	0.6677515	0	0.0000084	01(0.03165) 02(0.03707)
평균	0.58302					

3.2. BCC 모형 분석

BCC 모형으로 2008년도 24개 우편집중국의 효율성을 분석한 결과 <표 Ⅳ-10>과 같이 평균 효율성 점수는 0.87713으로 CCR 모형에 의한 분석결과보다 0.29411점 높게 나타났다. 효율적으로 나타난 우편집중국은 '01140' 등 16국으로 CCR 모형의 3국보다 13국이 더 많게 나타나 CCR 모형에 의할 경우보다 효율성 점수 순위의 판별력이 낮게 나타났다. 이는 <그림 Ⅲ-8>에서 보는 바와 같이 규모수익가변의 가정하에서 생산변경이 정해지는 BCC 모형의 특성상 다수의 효율적인 DMU가 나타났기 때문이다. 우편집중국 '17618'이 효율성 점수 0.51054로 가장 비효율적으로 나타났으며 '05321', '22702' 및 '14506' 등의 순으로 그 뒤를 잇고 있다. 비효율적인 우편집중국에 의하여 가장 많이 참조된 우편집중국은 '03210'으로 9회 참조되었다. 그러나 '09421'은 효율적으로 나타났음에도 불구하고 한 번도 참조되지 않았다.

〈표 Ⅳ-10〉 BCC 분석결과

DMU	Score	가중치				Benchmarks (lambda)
		건물	구분기	비정규직	처리물량	
01140	1.00000	0.000032	0	0	0.0000006	2
02143	1.00000	0	0.1994182	0.000008	0.0000005	1
03210	1.00000	0.0000912	0	0.0082786	0.0000111	9
04220	1.00000	0	0.5741635	0.0074708	0.0000053	5
05321	0.52598	0.0000008	0.1272074	0.0029999	0.0000022	02(0.01293) 04(0.43716) 10(0.52622) 21(0.02370)
06330	1.00000	0.0000315	0.7192016	0	0.0000055	4

07360	1.00000	0.0000234	0.555637	0.0027091	0.000005	4
08410	1.00000	0.0000145	0	0.0049496	0.0000013	6
09421	1.00000	0.0000065	0	0.0035111	0.0000008	0
10431	1.00000	0.0000153	0.3107539	0.0005266	0.0000015	3
11443	1.00000	0.0000566	0	0.0036682	0.0000026	3
12461	0.75158	0.0000184	0.1010941	0.0022056	0.0000019	01(0.02769) 03(0.37822) 08(0.54989) 10(0.04420)
13480	0.64706	0	0	0.0057143	0.0000017	08(0.73013) 21(0.26987)
14506	0.62990	0.0000344	0	0.0027917	0.0000029	03(0.52438) 08(0.29353) 11(0.18209)
15526	1.00000	0	1	0	0.0000115	3
16565	0.74155	0.0000549	0.0000002	0.0034643	0.0000044	03(0.19349) 11(0.42849) 23(0.37802)
17618	0.51054	0.0000187	0.0052052	0.0014826	0.0000016	01(0.12233) 03(0.21376) 08(0.39947) 11(0.26444)
18641	0.66052	0.0000159	0.1400939	0.0047047	0.0000042	03(0.54417) 08(0.07334) 10(0.17436) 21(0.20813)
19660	1.00000	0	1	0	0.0000077	3
20683	1.00000	0	1	0	0.0000056	3
21690	1.00000	0	0	0.0333333	0.0000118	8
22702	0.58392	0	0	0.005618	0.0000019	08(0.64858) 21(0.35142)
23760	1.00000	0.0001208	0.0000001	0.003278	0.0000076	5
24791	1.00000	0	1	0	0.0000084	03(0.26756) 04(0.07055) 06(0.08088) 07(0.08809) 15(0.04227) 19(0.08106) 20(0.05024) 21(0.06358) 23(0.25578)
평균	0.87713					

3.3. 규모효율성 및 규모수익 분석

규모효율성 및 규모수익 분석결과는 <표 Ⅳ-11>과 같다. 규모효율성 평균점수는 0.66469이며 3개 우편집중국이 효율적으로 나타났다. 효율적인 우편집중국은 '01140', '01143' 및 '09421'의 3국이며 '08410', '13480' 및 '10431' 등의 순으로 그 뒤를 잇고 있다. 가장 비효율적으로 나타난 우편집중국은 '15526'으로 효율성 점수 0.23138이며 '24791', '03210' 및 '19660' 등의 순으로 그 뒤를 잇고 있다. '01140', '01143' 및 '09421'의 3국은 CCR 및 BCC 모형에 의한 점수에서 효율적이므로 가장 생산적 규모(the most productive scale)의 크기로 운영된다고 할 수 있다. '08410' 등 13국은 BCC 모형에 의한 점수로 효율적이나 CCR 모형에 의한 점수가 낮으므로 부분적으로는 효율적으로 운영되나 규모의 크기 때문에 전체적으로는 효율적으로 운영되는 것이 아니라고 할 수 있다. '05321', '12461', '13480', '14506', '17618' 및 '22702'의 6국은 BCC 모형에 의한 점수보다 상대적으로 높은 규모효율성 점수를 나타냈는데 이는 전체적 비효율성이 규모의 비효율성보다는 비효율적 운영에 기인하였기 때문이라고 할 수 있다. '01140', '02143' 및 '09421' 3국은 규모수익불변(constant returns to scale)인 가장 생산적 규모라고 할 수 있으며, 나머지 21국은 규모수익체증(increasing returns to scale)으로 나타났는데 이들은 투입량을 증대시킴으로써 효율성을 개선시킬 수 있는 가능성을 가지고 있다고 할 수 있다.

DMU	CCR Score	BCC Score	규모효율성	규모수익
01140	1,00000	1,00000	1,00000	Constant
02143	1,00000	1,00000	1,00000	Constant
03210	0,38200	1,00000	0,38200	Increasing
04220	0,58342	1,00000	0,58342	Increasing
05321	0,41121	0,52598	0,78181	Increasing
06330	0,52661	1,00000	0,52661	Increasing
07360	0,53691	1,00000	0,53691	Increasing
08410	0,98884	1,00000	0,98884	Increasing
09421	1,00000	1,00000	1,00000	Constant
10431	0,91389	1,00000	0,91389	Increasing
11443	0,70414	1,00000	0,70414	Increasing
12461	0,66914	0,75158	0,89032	Increasing
13480	0,59233	0,64706	0,91543	Increasing
14506	0,47609	0,62990	0,75582	Increasing
15526	0,23138	1,00000	0,23138	Increasing
16565	0,40813	0,74155	0,55037	Increasing
17618	0,45255	0,51054	0,88641	Increasing
18641	0,43531	0,66052	0,65903	Increasing
19660	0,40903	1,00000	0,40903	Increasing
20683	0,47830	1,00000	0,47830	Increasing
21690	0,50176	1,00000	0,50176	Increasing
22702	0,52675	0,58392	0,90209	Increasing
23760	0,42107	1,00000	0,42107	Increasing
24791	0,34363	1,00000	0,34363	Increasing
평균	0,58302	0,87713	0,66469	

3.4. 비효율적인 우편집중국의 효율성 증대방안

DEA를 적용하여 비효율적인 DMU의 효율성 증대방안을 도출할 수 있다. 그 예로서 CCR 모형을 적용할 때 비효율적인 DMU인 우편집중국 '05321'의 효율성을 개선하고자 할 경우 이의 참조집합인 '01140', '02143' 및 '09421'의 λ값을 이용하여 개선량을 산출할 수 있다. 참조집합의 λ값을 이용하여 개선량을 계산한 <표 IV-12>에서 보는 바와 같이 우편집중국 '05321'이 효율적으로 되기 위해서는 건물, 구분기 및 비정규직을 58.88% 줄여야 할 것으로 나타났다. 그러나 현실적으로 건물면적을 줄이기는 쉽지 않으므로 구분기의 수량 및 비정규직 인원수를 적정규모로 줄이는 방안이 모색되어야 할 것으로 판단된다.

〈표 IV-12〉 우편집중국 '05321'의 개선량 산출

DMU 및 효율성	05321(0.41121)						
참조집합 및 λ_j	01140(0.01092), 02143(0.22606), 09421(0.00975)						
구분	05321	01140	02143	09421	효율적 가상 DMU	개선량	개선비율 (%)
건물	32,492	31,222	56,142	33,734	13,361	-19,131	-58.88
구분기	3	5	5	5	1	-2	-58.88
비정규직	197	306	334	222	81	-116	-58.88
처리물량	454,419	1,560,527	1,881,946	1,225,648	454,424	5	0.00

4. 가중치 제약 분석

앞의 가중치 제약이 없는 CCR 모형 및 BCC 모형에 의한 분석결과는 효율적인 DMU를 각각 3개 및 16개 나타내어 이들의 효율성 점수 순위의 판별력이 약한 문제점이 있었다. 이를 해결하기 위한 방안으로

서 본 절에서는 가중치 제약 모형인 DEA－AR 및 cone－ratio DEA를 사용하여 2008년도 우편집중국의 효율성을 분석하였다.

4.1. DEA－AR

DEA－AR을 실행하기 위하여 먼저 AR을 설정하였다. AR을 설정하기 위하여 우편집중국에 대한 전문가들을 대상으로 투입·산출요소의 중요도에 대한 쌍대비교 설문조사를 실시하여 AHP(analytic hierarchy process, 계층분석절차)에 의하여 가중치를 계산하였다(김성희 외, 1999; 조근태 외, 2003; 김성호 외, 2007; Saaty, 1980; Saaty, 1999). 계산된 가중치의 상한과 하한을 산출하여 AR을 설정하였으며, 이를 CCR 및 BCC 분석의 가중치 제약 조건으로 사용하였다.

(1) AR 설정

산출요소는 처리물량 하나뿐이어서 요소 간 쌍대비교를 할 수 없으므로 AR을 설정할 필요가 없었으나, 투입요소는 건물, 구분기 및 비정규직이므로 이에 대한 가중치의 상·하한을 설정할 필요가 있었다. AR의 설정은 투입요소 3개에 대한 중요도를 설문조사 하여 AHP에 의하여 가중치를 분석하고 이를 사용하여 가중치의 상·하한을 설정하였다. 2009년 4월 22일부터 5월 4일까지 우편집중국에 관한 전문가인 전·현직 우편집중국장, 우편집중국 직원 및 우정사업조달사무소의 우편집중국 담당직원 등 총 44명을 대상으로 설문지를 이용한 쌍대비교 설문조사를 실시하여 37명으로부터 회신을 받았다. 이를

'Super Decisions 1.6.0'으로 분석한 결과 3×3 행렬의 수용 가능한 일관성 비율인 0.05 이하로 나타난 응답자는 11명이었으며 이들에 대한 투입요소별 가중치는 <표 IV-13>과 같이 나타났다.

<표 IV-13> 일관성 비율이 0.05 이하인 응답자의 가중치

응답자	일관성 비율	건물(v_1)	구분기(v_2)	비정규직(v_3)
01	0.00000	0.454545	0.454545	0.090909
02	0.01470	0.753113	0.183972	0.062915
03	0.03341	0.171457	0.76724	0.061303
04	0.01760	0.121957	0.558425	0.319628
05	0.00330	0.148830	0.690832	0.160338
06	0.00000	0.333333	0.333333	0.333333
07	0.00000	0.250000	0.500000	0.250000
08	0.00000	0.333333	0.333333	0.333333
09	0.00000	0.333333	0.333333	0.333333
10	0.00630	0.486787	0.435393	0.07782
11	0.02800	0.480644	0.405384	0.113972

이 가중치를 사용하여 <표 IV-14>와 같이 응답자별 AR 설정을 위한 비율계산을 하고 이들의 최대치 및 최소치를 <표 IV-15>와 같이 AR로 설정하였다. 그러나 <표 IV-13> 및 <표 IV-14>에 나타났듯이 AR을 설정하는 과정에서 AHP 설문조사기법을 사용하는 경우 응답내용의 일관성 비율이 0.05 이하인 것은 타당한 응답으로 간주하였는데, 응납사의 주관직 핀단이 개입된 응답내용이 타 응답자의 응답방향과 현격히 다른 경우에도 일관성 비율이 일정 수준 이하라면 타당한 응답으로 간주되어 결국 AR 설정에 반영되므로 응답자의 주관적 판단이 분석결과에 영향을 미치는 문제가 발생함을 알 수 있었다.

응답자	v_1/v_2	v_1/v_3	v_2/v_3
01	1.000000	5.000000	5.000000
02	4.093628	11.970325	2.924136
03	0.223472	2.796878	12.515538
04	0.218395	0.381559	1.747109
05	0.215436	0.928227	4.308598
06	1.000000	1.000000	1.000000
07	0.500000	1.000000	2.000000
08	1.000000	1.000000	1.000000
09	1.000000	1.000000	1.000000
10	1.118040	6.255294	5.594873
11	1.185651	4.217211	3.556874

〈표 Ⅳ-15〉 AR 설정

하한	구분	상한
0.215436	v_1/v_2	4.093628
0.381559	v_1/v_3	11.970325
1.000000	v_2/v_3	12.515538

설정된 AR을 EMS 실행을 위한 행렬로 구축하면 다음과 같다.

$$
\begin{pmatrix}
1 & -0.215436 & 0 & 0 \\
-1 & 4.093628 & 0 & 0 \\
1 & 0 & -0.381559 & 0 \\
-1 & 0 & 11.970325 & 0 \\
0 & 1 & -1 & 0 \\
0 & -1 & 12.515538 & 0
\end{pmatrix}
$$

(2) CCR-AR 모형 분석

CCR-AR 모형에 의한 분석결과는 <표 IV-16>과 같으며 평균 효율성 점수는 0.43762로 CCR 모형의 평균 효율성 점수 0.58302보다 0.14540 낮게 나타났다. 효율적으로 나타난 우편집중국은 '01140' 1국 뿐으로 CCR 모형에 의할 경우의 3국보다 효율성 점수 순위의 판별력이 높게 나타났다. 우편집중국 '01140'에 이어 '08410', '09421' 및 '11443' 등의 순으로 그 뒤를 잇고 있다. 우편집중국 '15526'은 효율성 점수 0.13621로 가장 낮게 나타났으며 '21690', '03210' 및 '24791' 등의 순으로 그 뒤를 잇고 있다. CCR 모형의 순위와 비교할 때 우편집중국 '01140', '03210', '12461' 및 '15526'만 순위가 같으며 나머지 우편집중국은 순위가 바뀌었다. 효율적으로 나타난 우편집중국 '01140'은 나머지 23국으로부터 참조되었다.

(3) BCC-AR 모형 분석

BCC-AR 모형에 의한 분석결과는 <표 IV-17>과 같으며 평균 효율성 점수는 0.70177로 BCC 모형의 평균 효율성 점수 0.87713보다 0.17536 낮게 나타났다. 효율적으로 나타난 우편집중국은 '01140', '02143' 및 '23760' 3국이며 BCC 모형에 비해 13국이 감소하였다. 그러나 이 모형에 의할 경우 효율적으로 나타난 3개 DMU에 대한 순위를 판별할 수 없는 문제는 여전히 남았다. 우편집중국 '05321'이 효율성 점수 0.37143으로 가장 낮으며 '22702', '13480' 및 '17618' 등의 순으로 그 뒤를 잇고 있다. BCC 모형과 비교할 때 '01140', '03210', '12461' 및 '15526'만 순위가 같으며 나머지 우편집중국은 순위가 바

꿰었다. 효율적으로 나타난 우편집중국 중 '23760'이 23회 참조되었고 '01140'은 16회 참조되었으며 '02143'은 한 번도 참조되지 않았다.

〈표 Ⅳ-16〉 CCR-AR 분석결과

DMU	Score	가중치				Benchmarks (lambda)
		건물	구분기	비정규직	처리물량	
01140	1.00000	0.0000320	0.0000078	0.0000027	0.0000006	23
02143	0.67755	0.0000175	0.0000814	0.0000459	0.0000005	01(1.20597)
03210	0.25555	0.0001377	0.0006379	0.0003608	0.0000111	01(0.05793)
04220	0.29421	0.0000765	0.0003549	0.0002004	0.0000053	01(0.12007)
05321	0.28260	0.0000303	0.0001406	0.0000794	0.0000022	01(0.29120)
06330	0.40956	0.0001117	0.0005183	0.0000415	0.0000055	01(0.11696)
07360	0.36577	0.0000885	0.0004106	0.0002318	0.0000050	01(0.12903)
08410	0.78254	0.0000496	0.0002301	0.0001299	0.0000013	01(0.49253)
09421	0.73299	0.0000291	0.0001352	0.0000763	0.0000008	01(0.78541)
10431	0.66623	0.0000493	0.0002289	0.0001292	0.0000015	01(0.42155)
11443	0.70412	0.0000931	0.0000227	0.0000078	0.0000026	01(0.24206)
12461	0.52275	0.0000481	0.0002233	0.0001261	0.0000019	01(0.33907)
13480	0.33343	0.0000278	0.0001290	0.0000729	0.0000017	01(0.37428)
14506	0.37668	0.0000537	0.0001407	0.0001407	0.0000029	01(0.21903)
15526	0.13621	0.0000762	0.0003535	0.0001996	0.0000115	01(0.05581)
16565	0.40652	0.0000864	0.0002265	0.0002265	0.0000044	01(0.14683)
17618	0.39345	0.0000310	0.0001441	0.0000814	0.0000016	01(0.39548)
18641	0.29053	0.0000595	0.0002760	0.0001558	0.0000042	01(0.15246)
19660	0.39243	0.0001513	0.0001581	0.0000126	0.0000077	01(0.08302)
20683	0.31269	0.0000867	0.0000907	0.0000072	0.0000056	01(0.11536)
21690	0.16938	0.0000972	0.0004514	0.0002549	0.0000118	01(0.05435)
22702	0.31155	0.0000287	0.0001333	0.0000753	0.0000019	01(0.33855)
23760	0.41835	0.0001586	0.0001625	0.0000133	0.0000076	01(0.08440)
24791	0.26768	0.0001094	0.0005077	0.0002867	0.0000084	01(0.07636)
평균	0.43762					

〈표 Ⅳ-17〉 BCC-AR 분석결과

DMU	Score	가중치				Benchmarks (lambda)
		건물	구분기	비정규직	처리물량	
01140	1.00000	0.0000320	0.0000078	0.0000027	0.0000006	16
02143	1.00000	0.0000176	0.0000665	0.0000382	0.0000005	0
03210	0.89390	0.0001377	0.0006389	0.0003608	0.0000111	23(1.00000)
04220	0.57264	0.0000765	0.0003549	0.0002004	0.0000053	01(0.03896) 23(0.96104)
05321	0.37143	0.0000303	0.0001406	0.0000794	0.0000022	01(0.22586) 23(0.77414)
06330	0.80875	0.0001093	0.0005071	0.0002863	0.0000055	01(0.03556) 23(0.96444)
07360	0.68461	0.0000885	0.0004106	0.0002318	0.0000050	01(0.04874) 23(0.95126)
08410	0.88667	0.0000496	0.0002301	0.0001299	0.0000013	01(0.44575) 23(0.55425)
09421	0.75885	0.0000291	0.0001352	0.0000763	0.0000008	01(0.76563) 23(0.23437)
10431	0.78429	0.0000493	0.0002289	0.0001292	0.0000015	01(0.36822) 23(0.63178)
11443	0.98837	0.0000908	0.0002379	0.0002379	0.0000026	01(0.17219) 23(0.82781)
12461	0.65434	0.0000481	0.0002233	0.0001261	0.0000019	01(0.27815) 23(0.72185)
13480	0.40542	0.0000278	0.0001290	0.0000729	0.0000017	01(0.31660) 23(0.68340)
14506	0.55013	0.0000537	0.0001407	0.0001407	0.0000029	01(0.14704) 23(0.85296)
15526	0.49459	0.0000762	0.0003535	0.0001996	0.0000115	23(1.00000)
16565	0.71156	0.0000864	0.0002265	0.0002265	0.0000044	01(0.06819) 23(0.93181)
17618	0.47112	0.0000310	0.0001441	0.0000814	0.0000016	01(0.33975) 23(0.66025)
18641	0.49909	0.0000595	0.0002760	0.0001558	0.0000042	01(0.07433) 23(0.92567)
19660	0.95367	0.0001513	0.0001581	0.0000126	0.0000077	23(1.00000)
20683	0.62101	0.0000844	0.0003918	0.0002212	0.0000056	01(0.03382) 23(0.96618)

21690	0.63151	0.0000972	0.0004514	0.0002549	0.0000118	23(1.00000)
22702	0.39016	0.0000287	0.0001333	0.0000753	0.0000019	01(0.27757) 23(0.72243)
23760	1.00000	0.0001540	0.0004039	0.0004037	0.0000076	21
24791	0.71034	0.0001094	0.0005077	0.0002867	0.0000084	23(1.00000)
평균	0.70177					

(4) 규모효율성 및 규모수익 분석

AR을 적용한 규모효율성 및 규모수익 분석결과는 <표 Ⅳ-18>과 같다. AR을 적용한 규모효율성 평균점수는 0.62650으로 AR을 적용하기 전 0.66469보다 0.03819 낮아졌다. 효율적으로 나타난 우편집중국은 '01140' 1국뿐이며 '09421', '08410' 및 '10431' 등의 순으로 그 뒤를 잇고 있다. 가장 비효율적으로 나타난 우편집중국은 '21690'으로 효율성 점수 0.16938이며 '15526', '03210' 및 '24791' 등의 순으로 그 뒤를 잇고 있다. 우편집중국 '01140'은 CCR-AR 및 BCC-AR 모형에 의한 점수에서 완전히 효율적이므로 가장 생산적 규모의 크기로 운영된다고 할 수 있다.

<표 Ⅳ-18> 규모효율성 및 규모수익(AR)

DMU	CCR-AR Score	BCC-AR Score	AR 규모효율성	AR 규모수익
01140	1.00000	1.00000	1.00000	Constant
02143	0.67755	1.00000	0.67755	Constant
03210	0.25555	0.89390	0.28588	Increasing
04220	0.29421	0.57264	0.51378	Increasing
05321	0.28260	0.37143	0.76084	Increasing
06330	0.40956	0.80875	0.50641	Increasing
07360	0.36577	0.68461	0.53427	Increasing

08410	0.78254	0.88667	0.88257	Increasing
09421	0.73299	0.75885	0.96592	Constant
10431	0.66623	0.78429	0.84947	Increasing
11443	0.70412	0.98837	0.71241	Increasing
12461	0.52275	0.65434	0.79890	Increasing
13480	0.33343	0.40542	0.82244	Increasing
14506	0.37668	0.55013	0.68472	Increasing
15526	0.13621	0.49459	0.27541	Increasing
16565	0.40652	0.71156	0.57131	Increasing
17618	0.39345	0.47112	0.83514	Increasing
18641	0.29053	0.49909	0.58211	Increasing
19660	0.39243	0.95367	0.41150	Increasing
20683	0.31269	0.62101	0.50352	Increasing
21690	0.16938	0.63151	0.26822	Increasing
22702	0.31155	0.39016	0.79852	Increasing
23760	0.41835	1.00000	0.41835	Increasing
24791	0.26768	0.71034	0.37684	Increasing
평균	0.43762	0.70177	0.62650	

우편집중국 '02143' 및 '23760' 2국은 BCC-AR 모형에 의한 점수로는 효율적이나 CCR-AR 모형에 의한 점수가 낮으므로 부분적으로는 효율적으로 운영되나 규모의 크기 때문에 전체적으로는 효율적으로 운영되는 것이 아니라고 할 수 있다. 우편집중국 '05321', '09421', '10431', '12461', '13480', '14506', '17618', '18641' 및 '22702'의 9국은 BCC-AR 모형에 의한 점수보다 상대적으로 높은 규모효율성 점수를 나타냈는데 이는 전체적 비효율싱이 규모의 비효율성보다는 비효율적 운영에 기인하기 때문이라고 할 수 있다.

우편집중국 '01140'은 CCR-AR 및 BCC-AR 모형에 의한 점수에서 효율적이며 규모수익불변인 가장 생산적 규모라고 할 수 있다. 우편집중국 '02143'은 CCR-AR 모형으로는 효율적이지 못하나 BCC-

AR 모형으로는 효율적인 규모수익불변모형이며 '09421'은 CCR-AR 모형 및 BCC-AR 모형 모두 효율적이지 않은 규모수익불변모형이라고 할 수 있다. 이들 우편집중국은 투입량을 증대시키면 비례적으로 산출량이 증대한다고 할 수 있다. 나머지 21국은 규모수익체증으로 나타났는데 이들은 투입량을 증대시킴으로써 효율성을 개선시킬 수 있는 가능성을 가지고 있다고 할 수 있다.

4.2. Cone-ratio DEA

앞의 DEA-AR 모형이 가중치를 제약하지 않은 DEA를 실행함에 따라 나타나는 문제를 해결하기 위하여 가중치의 상·하한을 구체적으로 제한하여 분석하는 것이라면 cone-ratio DEA 모형은 DEA -AR의 일반적인 모형으로서 의사결정자의 가치판단을 더욱 넓게 반영할 수 있다. 본 연구에서는 CCR 모형 분석결과 효율적으로 나타난 DMU의 투입요소 및 산출요소별 가중치를 사용하여 투입자료 및 산출자료를 변환한 후 변환된 자료를 사용하여 다시 CCR 모형으로 분석하는 방법과 의사결정자의 투입요소 및 산출요소에 대한 선호순서를 반영하여 CCR 모형으로 분석하는 방법을 사용하였다(이재설·고현우, 2009a).

(1) 자료변환에 의한 cone-ratio DEA

<표 Ⅳ-9>의 CCR 모형에 의한 분석결과 효율적으로 나타난 우편집중국은 '01140', '02143' 및 '09421'로서 이들의 요소별 가중치를

사용하여 자료변환을 위한 행렬을 구축하면 다음과 같다.

$$a_1^T = (0.000032, \quad 0, \quad 0 \quad)$$

$$a_2^T = (\quad 0, \quad 0.1209354, \quad 0.0011836)$$

$$a_3^T = (0.0000066, \quad 0, \quad 0.0034977)$$

$$b_1^T = (0.0000006)$$

$$b_2^T = (0.0000005)$$

$$b_3^T = (0.0000008)$$

그래서

$$A = \begin{pmatrix} 0.000032 & 0 & 0 \\ 0 & 0.1209354 & 0.0011836 \\ 0.0000066 & 0 & 0.0034977 \end{pmatrix}$$

$$B = \begin{pmatrix} 0.0000006 \\ 0.0000005 \\ 0.0000008 \end{pmatrix}$$

위 행렬을 사용하여 <표 Ⅳ-6>의 투입 및 산출자료를 변환하면 <표 Ⅳ-19>의 변환된 투입 및 산출자료와 같다.

변환된 투입 및 산출자료를 사용하여 CCR 모형에 의한 분석을 한 결과는 <표 Ⅳ-20>과 같다. 자료변환에 의한 cone-ratio DEA 실행 결과 평균 효율성 점수는 0.56631로 CCR 모형에 의한 평균 효율성 점수 0.58302보다 0.01671 낮게 나타났으며 우편집중국 '01140', '02143' 및 '09421'이 CCR 모형에 의한 분석결과와 같이 효율적으로 나타났다.

DMU	건물 X^T	구분기	비정규직	처리물량 Y^T	x_1	x_2 $\overline{X^T}$	x_3	y_1	y_2 $\overline{Y^T}$	y_3
01140	31,222	5	306	1,560,527	0.99910	0.96686	1.27636	0.93632	0.78026	1.24842
02143	56,142	5	334	1,881,946	1.79654	1.00000	1.53877	1.12917	0.94097	1.50556
03210	7,150	1	42	90,402	0.22880	0.17065	0.19409	0.05424	0.04520	0.07232
04220	12,925	1	57	187,377	0.41360	0.18840	0.28467	0.11243	0.09369	0.14990
05321	32,492	3	197	454,419	1.03974	0.59598	0.90349	0.27265	0.22721	0.36354
06330	8,918	1	88	182,519	0.28538	0.22509	0.36666	0.10951	0.09126	0.14602
07360	11,122	1	68	201,349	0.35590	0.20142	0.31125	0.12081	0.10067	0.16108
08410	19,779	3	144	768,605	0.63293	0.53324	0.63421	0.46116	0.38430	0.61488
09421	33,734	5	222	1,225,648	1.07949	0.86744	0.99913	0.73539	0.61282	0.98052
10431	19,901	2	140	657,833	0.63683	0.40757	0.62102	0.39470	0.32892	0.52627
11443	10,733	2	107	377,737	0.34346	0.36852	0.44509	0.22664	0.18887	0.30219
12461	20,390	3	146	529,129	0.65248	0.53561	0.64524	0.31748	0.26456	0.42330
13480	35,496	4	175	584,071	1.13587	0.69087	0.84637	0.35044	0.29204	0.46726
14506	18,272	3	133	341,798	0.58470	0.52023	0.58579	0.20508	0.17090	0.27344
15526	12,942	1	70	87,089	0.41414	0.20379	0.33026	0.05225	0.04354	0.06967
16565	11,278	2	110	229,136	0.36090	0.37207	0.45918	0.13748	0.11457	0.18331
17618	31,510	5	259	617,152	1.00832	0.91123	1.11387	0.37029	0.30858	0.49372
18641	16,554	2	97	237,918	0.52973	0.35668	0.44853	0.14275	0.11896	0.19033
19660	6,603	1	89	129,552	0.21130	0.22628	0.35488	0.07773	0.06478	0.10364
20683	11,519	1	124	180,028	0.36861	0.26770	0.50974	0.10802	0.09001	0.14402
21690	10,200	1	30	84,816	0.32640	0.15644	0.17225	0.05089	0.04241	0.06785
22702	34,334	5	178	528,310	1.09869	0.81536	0.84920	0.31699	0.26416	0.42265
23760	6,298	1	73	131,708	0.20154	0.20734	0.29690	0.07902	0.06585	0.10537
24791	8,933	1	78	119,164	0.28586	0.21326	0.33178	0.07150	0.05958	0.09533

CCR 모형에 의한 효율성 점수 순위와 비교할 때 우편집중국 '05321', '14506', '16565', '17618', '18641', '20683', '21690' 및 '23760' 의 8국이 순위가 바뀌었다. 이를 살펴볼 때 자료변환에 의한 cone-ratio DEA 실행결과는 CCR 모형에 의하여 효율적으로 나타난 DMU들의 순위를 구별하지 못하였다.

〈표 Ⅳ-20〉 변환된 투입 및 산출자료에 의한 CCR 분석결과

| DMU | Score | 가중치 | | | | | |
		$v_1(x_1)$	$v_2(x_2)$	$v_3(x_3)$	$u_1(y_1)$	$u_2(y_2)$	$u_3(y_3)$
01140	1.00000	1.0008968	0	0	0	0	0.8010115
02143	1.00000	0	1.0000005	0.0000001	0	0	0.6642061
03210	0.37969	0	0.0000001	5.1521586	0	0	13.8271277
04220	0.53810	0	0.0485394	3.4806673	0	0	6.6710429
05321	0.41121	0.0058312	0.0176232	1.0884787	0	0	2.7507653
06330	0.47801	0.9194203	3.276966	0	0	0	6.8486021
07360	0.53412	0.9312731	3.3192112	0	0	0	6.2081262
08410	0.98884	0.0176043	0.0000054	1.559191	0	0	1.626323
09421	1.00000	0.0008152	0	0.9999862	0	0	1.0198687
10431	0.89679	0.4785843	1.7057536	0.0000001	0	0	1.9001783
11443	0.70414	2.9115774	0.0000003	0.0000026	0	0	3.3091807
12461	0.66914	0.0081494	0.024626	1.5211323	0	0	2.3623729
13480	0.56295	0	0.0162913	1.1682166	0	0	2.1401508
14506	0.47609	0.0190616	0.0000003	1.6880719	0	0	3.6571308
15526	0.22708	0	4.9070746	0	0	0	14.353133
16565	0.40813	0.0244575	0.0000001	2.1585641	0	0	5.4552755
17618	0.45255	0.010035	0	0.8886865	0	0	2.025433
18641	0.43284	0.0000002	0.0307503	2.2050356	0	0	5.253911
19660	0.39255	4.7326969	0.0000002	0.0000001	0	0	9.6486353
20683	0.38769	0.7560056	2.694529	0	0	0	6.9433644
21690	0.40140	0	0.0000021	5.8054795	0	0	14.7377853
22702	0.50715	0	0.0000001	1.1775857	0	0	2.3660351
23760	0.41841	4.9618916	0.0000006	0.0000003	0	0	9.4906915
24791	0.32453	0.9560811	3.4076312	0	0	0	10.4897452
평균	0.56631						

(2) 요소의 선호 순서를 반영한 cone-ratio DEA

<표 Ⅳ-6>의 투입 및 산출자료에서 투입요소는 3개이고 산출요소는 1개이므로 산출요소에 대한 선호관계는 고려할 필요가 없었다.

투입요소 3개에 대한 선호 또는 중요도에 따라 발생할 수 있는 조합은 6개이므로 <표 Ⅳ-21>과 같이 6개의 cone을 구성하였다.

〈표 Ⅳ-21〉 요소의 선호 순서에 따른 cone 구성

Cone	요소의 선호도	Cone	요소의 선호도
Cone 1	건물≥구분기≥비정규직	Cone 4	구분기≥비정규직≥건물
Cone 2	건물≥비정규직≥구분기	Cone 5	비정규직≥건물≥구분기
Cone 3	구분기≥건물≥비정규직	Cone 6	비정규직≥구분기≥건물

6개 cone에 대하여 EMS 실행을 위한 가중치 제약행렬을 구축하면 다음과 같다.

$$\text{Cone 1} \begin{pmatrix} 1 & -1 & 0 & 0 \\ 1 & 0 & -1 & 0 \\ 0 & 1 & -1 & 0 \end{pmatrix} \qquad \text{Cone 2} \begin{pmatrix} 1 & 0 & -1 & 0 \\ 1 & -1 & 0 & 0 \\ 0 & -1 & 1 & 0 \end{pmatrix}$$

$$\text{Cone 3} \begin{pmatrix} -1 & 1 & 0 & 0 \\ 0 & 1 & -1 & 0 \\ 1 & 0 & -1 & 0 \end{pmatrix} \qquad \text{Cone 4} \begin{pmatrix} 0 & 1 & -1 & 0 \\ -1 & 1 & 0 & 0 \\ -1 & 0 & 1 & 0 \end{pmatrix}$$

$$\text{Cone 5} \begin{pmatrix} -1 & 0 & 1 & 0 \\ 0 & -1 & 1 & 0 \\ 1 & -1 & 0 & 0 \end{pmatrix} \qquad \text{Cone 6} \begin{pmatrix} 0 & -1 & 1 & 0 \\ -1 & 0 & 1 & 0 \\ -1 & 1 & 0 & 0 \end{pmatrix}$$

<표 Ⅳ-21>의 각 cone에 대하여 가중치 제약행렬을 사용하여 CCR 모형을 실행한 결과를 종합하면 <표 Ⅳ-22>와 같다.

<표 Ⅳ-22> Cone별 효율성 분석결과

| DMU | 효율성 점수 | | | | | | |
	Cone 1	Cone 2	Cone 3	Cone 4	Cone 5	Cone 6	평균
01140	1.00000	1.00000	1.00000	1.00000	1.00000	1.00000	1.00000
02143	0.67328	0.67328	1.00000	1.00000	1.00000	1.00000	0.89109
03210	0.25396	0.25396	0.27943	0.37871	0.38200	0.38200	0.32168
04220	0.29163	0.29163	0.49783	0.58194	0.58342	0.58342	0.47165
05321	0.28087	0.28087	0.40801	0.41119	0.41100	0.41121	0.36719
06330	0.40950	0.40948	0.52661	0.52615	0.40947	0.40947	0.44845
07360	0.36356	0.36356	0.53691	0.53688	0.52850	0.52909	0.47642
08410	0.77943	0.77943	0.80967	0.98703	0.98884	0.98884	0.88888
09421	0.72925	0.72925	0.76997	0.99760	1.00000	1.00000	0.87101
10431	0.66320	0.66320	0.91389	0.91374	0.86404	0.86703	0.81419
11443	0.70414	0.70414	0.70412	0.70400	0.70402	0.70400	0.70407
12461	0.52057	0.52057	0.55280	0.66801	0.66901	0.66914	0.60002
13480	0.33082	0.33082	0.42231	0.58777	0.59233	0.59233	0.47607
14506	0.37519	0.37520	0.37519	0.47458	0.47609	0.47608	0.42539
15526	0.13523	0.13523	0.23138	0.23138	0.22080	0.22095	0.19583
16565	0.40650	0.40651	0.40650	0.40752	0.40813	0.40813	0.40721
17618	0.39248	0.39248	0.39469	0.45191	0.45255	0.45255	0.42277
18641	0.28869	0.28869	0.35182	0.43290	0.43531	0.43531	0.37212
19660	0.39255	0.39255	0.40903	0.40857	0.39113	0.39113	0.39749
20683	0.31271	0.31269	0.47830	0.47830	0.31241	0.31241	0.36781
21690	0.16752	0.16751	0.23387	0.49284	0.50176	0.50176	0.34421
22702	0.30928	0.30928	0.33041	0.52003	0.52675	0.52675	0.42042
23760	0.41841	0.41841	0.42107	0.42086	0.41767	0.41767	0.41901
24791	0.26719	0.26719	0.34363	0.34345	0.29351	0.29452	0.30158
평균	0.43608	0.43608	0.51656	0.58147	0.56536	0.56558	0.51686

Cone 1(건물≥구분기≥비정규직)의 가중치 제약을 적용하여 CCR 모형을 실행한 결과 평균 효율성 점수는 0.43608이고 우편집중국 '01143' 1국이 효율적으로 나타났으며 '08410', '09421' 및 '11443' 등의 순으로 그 뒤를 잇고 있어 CCR 모형의 실행결과 효율적인 우편집

중국이 3국인 것에 비교할 때 효율성 점수 순위의 판별력이 높게 나타났다. 우편집중국 '15526'은 평균 효율성 점수 0.13523으로 가장 비효율적으로 나타났으며 '21690', '03210' 및 '24791' 등의 순으로 그 뒤를 잇고 있다.

Cone 2(건물≥비정규직≥구분기)의 가중치 제약을 적용하여 분석한 결과 우편집중국별 효율성 점수 순위는 cone 1을 적용하여 분석한 결과와 같게 나타났다. 그러나 몇몇 우편집중국의 효율성 점수는 cone 1을 적용하여 분석한 결과와 다르게 나타났다.

Cone 3(구분기≥건물≥비정규직)의 가중치 제약을 적용하여 분석한 결과 평균 효율성 점수는 0.51656이고 우편집중국 '01140' 및 '02143'의 2국이 효율적으로 나타났으며 '10431', '08410' 및 '09421' 등의 순으로 그 뒤를 잇고 있다. 우편집중국 '01140' 및 '02143'은 각각 19회 참조되었다. 우편집중국 '15526'은 평균 효율성 점수 0.23138로 가장 비효율적으로 나타났으며 '21690', '03210' 및 '22702' 등의 순으로 그 뒤를 잇고 있다.

Cone 4(구분기≥비정규직≥건물)의 가중치 제약을 적용하여 분석한 결과 평균 효율성 점수는 0.58147이고 우편집중국 '01140' 및 '02143'의 2국이 효율적으로 나타났으며 '09421', '08410' 및 '10431' 등의 순으로 그 뒤를 잇고 있다. 우편집중국 '01140' 및 '02143'은 각각 14회 및 21회 참조되었다. 우편집중국 '15526'은 평균 효율성 점수 0.23138로 가장 비효율적으로 나타났으며 '24791', '03210' 및 '16565' 등의 순으로 그 뒤를 잇고 있다.

Cone 5(비정규직≥건물≥구분기)의 가중치 제약을 적용하여 분석한 결과 평균 효율성 점수는 0.56536이고 우편집중국 '01140', '02143'

및 '09421'의 3국이 효율적으로 나타났으며 '08410', '10431' 및 '11443' 등의 순으로 그 뒤를 잇고 있다. 우편집중국 '01140'은 12회, '02143' 및 '09421'은 각각 9회 참조되었다. 우편집중국 '15526'은 평균 효율성 점수 0.22080으로 가장 비효율적으로 나타났으며 '24791', '20683' 및 '03210' 등의 순으로 그 뒤를 잇고 있다.

Cone 6(비정규직≥구분기≥건물)의 가중치 제약을 적용하여 분석한 결과 평균 효율성 점수는 0.56558이고 우편집중국 '01140', '02143' 및 '09421'의 3국이 효율적으로 나타났으며 '08410', '10431' 및 '11443' 등의 순으로 그 뒤를 잇고 있다. 우편집중국 '01140'은 14회, '02143' 및 '09421'은 각각 12회 및 6회 참조되었다. 우편집중국 '15526'은 평균 효율성 점수 0.22095로 가장 비효율적으로 나타났으며 '24791', '20683' 및 '03210' 등의 순으로 그 뒤를 잇고 있다.

6개 cone의 효율성 점수를 평균한 결과 평균 효율성 점수는 0.51686이고 우편집중국 '01140' 1국이 효율적으로 나타났으며 우편집중국 '02143', '08410' 및 '09421' 등의 순으로 그 뒤를 잇고 있다. 우편집중국 '15526'은 평균 효율성 점수 0.19583으로 가장 비효율적으로 나타났으며 '24791', '03210' 및 '21690' 등의 순으로 그 뒤를 잇고 있다. 이 분석결과는 CCR 모형의 실행 결과 효율적인 우편집중국이 3국인 것에 비교할 때 효율적인 우편집중국이 1국으로 나타나 효율성 점수 순위의 판별력이 높게 나타났음을 알 수 있었다.

요소의 선호 순서를 반영한 각 cone별 분석결과는 의사결정자의 요소에 대한 구체적인 가중치 제약이 아닌 단순한 선호 순서만을 고려할 수 있으므로 AR 접근법과는 달리 가중치의 상·하한을 설정하기 위한 절차를 요하지 않는 장점이 있으며 쉽게 활용될 수 있다고 판단된다. 그러나 이 방법은 투입요소의 수 m 및 산출요소의 수 s일 때 cone의 수는 $m! \times s!$ 이 되므로 투입 및 산출요소의 수가 증가할수록 계산작업량이 급격히 증가함을 알 수 있었다.

5. 서열을 위한 분석

앞에서 살펴본 바와 같이 가중치 제약 모형을 실행하여도 효율성 점수 순위가 구별되지 못하는 경우가 발생하였다. 서열을 명확히 하기 위하여 본 연구에서는 교차효율 분석 및 초효율 분석을 실행하였다.

5.1. 교차효율 분석

교차효율 분석을 하기 위하여 <표 IV-9> CCR 모형에 의한 분석 결과의 가중치를 사용하였다. 24개 우편집중국의 가중치를 각 우편집중국에 적용하여 CCR 모형에 의하여 분석한 결과를 이용하여 <표 IV-23>과 같이 교차효율성행렬을 구축하였다. 주대각선에 굵은 숫자로 표시된 자기평가효율성은 CCR 모형에 의한 분석에 의하여 산출된 <표 IV-9>의 효율성 점수를 사용하였고 주대각선 외에 표시된 동료평가효율성은 가중치를 교차적용 하여 계산한 효율성 점수를 사용하였다. 이 과정에서 1을 초과하는 효율성 점수는 1을 초과할 수 없다는 CCR 모형의 제약조건(식 III-1)을 적용하여 1로 하였다. 평균의 계산은 교차효율성행렬 중 자기평가효율성을 제외한 동료평가효

율성만을 사용하였다. 교차효율성행렬 구축과정을 살펴보면 <표 Ⅳ
-23>에 나타난 바와 같이 DMU 수가 n일 때 n회의 계산작업이 필
요하므로 DMU 수가 증가할 경우 이에 비례하여 계산작업량이 증가
함을 알 수 있었다.

　분석결과 효율적인 우편집중국은 하나도 나타나지 않았으며 24개
우편집중국의 효율성 점수 순위가 명확하게 판별되었다. 평균 효율성
점수는 0.77129로 CCR 모형의 평균점수 0.58302보다 0.18827점 상승
하였다. CCR 모형에 의한 분석결과 효율적으로 나타나 공동 1위이었
던 우편집중국 '01140', '02143' 및 '09421'의 교차효율성 점수는 각각
0.98971, 0.97915 및 0.97257로 나타나 순위가 명확하게 판별되었다.
CCR 모형에 의한 점수 순위와 비교할 때 '01140', '04220', '10431',
'11443', '12461', '15526', '22702', '23760' 및 '24791'의 9국을 제외한
15국의 순위가 바뀌었다.

Rated DMU	Rating DMU																								평균
	01140	02143	03210	04220	05321	06330	07360	08410	09421	10431	11443	12461	13480	14506	15526	16565	17618	18641	19660	20683	21690	22702	23760	24791	
01140	**1.000**	0.807	1.000	1.000	1.000	1.000	1.000	1.000	0.978	0.978	1.000	1.000	1.000	1.000	1.000	1.000	1.000	1.000	1.000	1.000	1.000	1.000	1.000	1.000	0.98971
02143	0.629	**1.000**	1.000	1.000	1.000	1.000	1.000	1.000	0.978	0.978	0.935	1.000	1.000	1.000	1.000	1.000	1.000	1.000	1.000	1.000	1.000	1.000	1.000	1.000	0.97915
03210	0.237	0.265	**0.382**	0.650	0.922	0.532	0.523	0.383	0.373	0.373	0.353	0.570	0.640	0.789	1.000	0.937	0.827	0.877	0.681	0.506	0.762	0.728	0.664	0.813	0.62631
04220	0.272	0.497	1.000	**0.583**	1.000	0.897	0.882	0.539	0.527	0.527	0.404	0.807	0.978	0.852	1.000	1.000	0.893	0.940	0.995	0.848	0.817	1.000	1.000	1.000	0.84044
05321	0.262	0.381	1.000	0.627	**0.411**	0.778	0.765	0.414	0.402	0.402	0.390	0.618	0.686	0.847	1.000	1.000	0.888	0.845	0.940	0.734	0.734	0.780	0.970	1.000	0.73440
06330	0.384	0.405	0.967	0.895	0.991	**0.527**	0.967	0.411	0.398	0.398	0.571	0.613	0.617	1.000	1.000	1.000	1.000	1.000	1.000	1.000	1.000	0.701	1.000	1.000	0.75592
07360	0.339	0.500	1.000	1.000	1.000	1.000	**0.537**	0.532	0.518	0.518	0.505	0.795	0.881	1.000	1.000	1.000	1.000	1.000	1.000	1.000	1.000	1.000	1.000	1.000	0.84702
08410	0.729	0.721	1.000	1.000	1.000	1.000	1.000	**0.989**	0.970	0.970	1.000	1.000	1.000	1.000	1.000	1.000	1.000	1.000	1.000	1.000	1.000	1.000	1.000	1.000	0.97341
09421	0.681	0.706	1.000	1.000	1.000	1.000	1.000	1.000	**1.000**	0.981	1.000	1.000	1.000	1.000	1.000	1.000	1.000	1.000	1.000	1.000	1.000	1.000	1.000	1.000	0.97257
10431	0.620	0.807	1.000	1.000	1.000	1.000	1.000	0.872	0.847	**0.914**	0.922	1.000	1.000	1.000	1.000	1.000	1.000	1.000	1.000	1.000	1.000	1.000	1.000	1.000	0.95950
11443	0.660	0.513	1.000	1.000	1.000	1.000	1.000	0.701	0.679	0.679	**0.704**	1.000	1.000	1.000	1.000	1.000	1.000	1.000	1.000	1.000	1.000	1.000	1.000	1.000	0.92310
12461	0.487	0.494	1.000	1.000	1.000	0.805	0.791	0.675	0.656	0.656	0.724	**0.669**	0.845	1.000	1.000	1.000	1.000	1.000	0.988	0.988	1.000	1.000	1.000	1.000	0.89911
13480	0.309	0.423	1.000	1.000	1.000	0.700	0.689	0.566	0.552	0.552	0.459	0.845	**0.592**	1.000	1.000	1.000	1.000	1.000	1.029	0.818	1.000	0.869	0.874	1.000	0.83252
14506	0.351	0.329	1.000	0.776	1.000	0.417	0.410	0.481	0.467	0.467	0.522	0.715	0.765	**0.476**	1.000	1.000	1.000	1.000	0.896	0.638	0.910	0.421	0.520	1.000	0.75855
15526	0.126	0.214	0.580	0.376	0.524	0.718	0.706	0.217	0.211	0.211	0.188	0.324	0.370	0.446	**0.231**	0.530	0.468	0.507	0.533	0.488	0.440	0.704	0.895	0.637	0.39807
16565	0.381	0.308	0.971	0.629	0.991	0.752	0.740	0.412	0.399	0.399	0.567	0.613	0.620	0.849	1.000	**0.408**	0.890	0.849	0.918	0.642	0.737	0.806	0.938	1.000	0.70428
17618	0.367	0.339	1.000	0.720	1.000	0.670	0.659	0.457	0.443	0.443	0.546	0.680	0.709	0.941	1.000	1.000	**0.453**	0.971	0.962	0.691	0.844	0.830	0.836	1.000	0.75432
18641	0.269	0.334	1.000	0.741	1.000	0.780	0.767	0.436	0.424	0.424	0.401	0.650	0.730	0.898	1.000	1.000	0.971	**0.435**	0.858	0.666	0.868	0.492	0.973	1.000	0.72334
19660	0.368	0.286	0.679	0.440	0.728	0.767	0.888	0.302	0.292	0.292	0.547	0.450	0.433	0.623	1.000	0.739	0.942	0.858	**0.409**	0.725	0.515	0.491	1.000	1.000	0.59464
20683	0.293	0.336	0.677	0.439	0.705	0.888	0.888	0.292	0.283	0.283	0.436	0.436	0.432	0.601	1.000	0.714	0.653	0.591	0.570	**0.478**	0.514	0.956	0.555	1.000	0.60624
21690	0.156	0.271	1.000	0.854	0.970	0.445	0.438	0.401	0.394	0.394	0.232	0.600	0.841	0.827	1.000	0.983	0.630	1.000	0.805	0.475	**0.502**	1.000	0.785	0.680	0.64720
22702	0.289	0.324	1.000	0.897	1.000	0.629	0.619	0.511	0.498	0.498	0.429	0.760	0.883	1.000	1.000	1.000	0.867	1.000	1.000	0.592	1.000	**0.527**	0.610	0.961	0.75994
23760	0.392	0.318	0.841	0.545	0.883	0.803	0.789	0.367	0.355	0.355	0.583	0.546	0.537	0.756	1.000	0.898	1.000	0.735	0.838	0.738	0.639	0.517	**0.421**	0.817	0.67309
24791	0.250	0.279	0.712	0.462	0.715	0.655	0.644	0.296	0.287	0.287	0.372	0.442	0.455	0.611	1.000	0.725	0.640	0.622	0.838	0.667	0.541	0.517	0.817	**0.344**	0.55807
평균	0.385	0.429	0.932	0.772	0.932	0.804	0.796	0.533	0.519	0.525	0.569	0.716	0.764	0.871	0.999	0.936	0.891	0.893	0.917	0.804	0.840	0.822	0.906	0.961	0.77129

5.2 초효율 분석

CCR 모형 및 BCC 모형에 의한 분석결과 효율적으로 나타나 순위 판별이 안 되는 우편집중국의 효율성 점수 순위를 판별하기 위하여 초효율 분석을 실행하였다. 분석은 CCR 모형 및 BCC 모형의 두 모형으로 실행하였다.

(1) CCR 초효율 분석

<표 IV-24>에 나타난 바와 같이 CCR 초효율 분석결과 평균 효율성 점수는 0.60199이며 CCR 모형에 의한 분석결과 효율적으로 나타나 동 순위이던 우편집중국 '01140', '02143' 및 '09421'의 CCR 초효율성 점수는 각각 1.28621, 1.16600 및 1.00309로서 순위를 명확히 판별할 수 있었다. 비효율적인 우편집중국의 효율성 점수는 CCR 모형에 의한 효율성 점수와 같게 나타났다. 효율적인 우편집중국 중 '02143'은 16회 참조되었고, '01140'은 13회, '09421'은 6회 참조되었다.

(2) BCC 초효율 분석

<표 IV-25>에 나타낸 바와 같이 BCC 초효율 분석결과 비효율적인 우편집중국의 초효율성 점수는 BCC 모형에 의한 점수와 같게 나타났다. 효율성 점수 1로서 동 순위로 나타난 '01140' 등 16개 효율적인 우편집중국 중 15국은 순위를 판별할 수 있도록 나타났으나, '02143'은 'big'(실행불가능, infeasible)으로 나타나 순위를 판별할 수 없을 뿐만 아니라 평균 효율성 점수의 계산이 곤란한 문제점이 나타

났다. 효율적인 우편집중국 중 '03210'은 9회 참조되어 가장 많이 참조되었고, '09421'은 한 번도 참조되지 않았다.

〈표 Ⅳ-24〉 초효율 분석결과(CCR)

DMU	Score	가중치				Benchmarks (lambda)
		건물	구분기	비정규직	처리물량	
01140	1.28621	0.000032	0	0	0.0000008	13
02143	1.16600	0	0.1209354	0.0011836	0.0000006	16
03210	0.38200	0	0	0.0238092	0.0000042	02(0.04804)
04220	0.58342	0	0.0000008	0.0175438	0.0000031	02(0.09957)
05321	0.41121	0.0000074	0.0021319	0.003828	0.0000009	01(0.01092) 02(0.22606) 09(0.00975)
06330	0.52661	0.0000372	0.6681243	0	0.0000029	01(0.04882) 02(0.05650)
07360	0.53691	0.0000344	0.6174786	0	0.0000027	01(0.00229) 02(0.10509)
08410	0.98884	0.0000109	0	0.0054536	0.0000013	01(0.13610) 09(0.45382)
09421	1.00309	0.0000066	0	0.0034977	0.0000008	6
10431	0.91389	0.0000179	0.3217012	0	0.0000014	01(0.09373) 02(0.27183)
11443	0.70414	0.0000932	0	0	0.0000019	01(0.24206)
12461	0.66914	0.0000103	0.0029782	0.0053496	0.0000013	01(0.08352) 02(0.01383) 09(0.30413)
13480	0.59233	0	0	0.0057143	0.0000010	02(0.31035)
14506	0.47609	0.0000118	0	0.0059044	0.0000014	01(0.06040) 09(0.20197)
15526	0.23138	0	1	0	0.0000027	02(0.04628)
16565	0.40813	0.0000150	0	0.0075502	0.0000018	01(0.14526) 09(0.00200)
17618	0.45255	0.0000062	0.0000001	0.0031084	0.0000007	01(0.23244) 09(0.20758)
18641	0.43531	0	0	0.0103093	0.0000018	02(0.12642)
19660	0.40903	0.0000407	0.7311099	0	0.0000032	01(0.07592) 02(0.00589)
20683	0.47830	0	1	0	0.0000027	02(0.09566)
21690	0.50176	0	0	0.0333333	0.0000059	02(0.04507)
22702	0.52675	0	0	0.0056180	0.0000010	02(0.28073)
23760	0.42107	0.0000412	0.7403036	0	0.0000032	01(0.08331) 02(0.00091)
24791	0.34363	0.0000372	0.6677515	0	0.0000029	01(0.03165) 02(0.03707)
평균	0.60199					

<표 Ⅳ-25> 초효율 분석결과(BCC)

| DMU | Score | 가중치 | | | | Benchmarks (lambda) |
		건물	구분기	비정규직	처리물량	
01140	1.446665232	0.000032	0	0	0.0000011	2
02143	big	0	0.1994182	0.000008	0.146394	1
03210	1.178909220	0.0000912	0	0.0082786	0	9
04220	1.048141187	0	0.5741635	0.0074708	0.0000024	5
05321	0.525978547	0.0000008	0.1272074	0.0029999	0.0000008	02(0.01293) 04(0.43716) 10(0.52622) 21(0.02370)
06330	1.028327158	0.0000315	0.7192016	0	0.0000022	4
07360	1.040398766	0.0000234	0.555637	0.0027091	0.000002	4
08410	1.071090514	0.0000145	0	0.0049496	0.0000011	6
09421	1.006350271	0.0000065	0	0.0035111	0.0000008	0
10431	1.079830872	0.0000153	0.3107539	0.0005266	0.0000012	3
11443	1.014338693	0.0000566	0	0.0036682	0.0000016	3
12461	0.751581245	0.0000184	0.1010941	0.0022056	0.000001	01(0.02769) 03(0.37822) 08(0.54989) 10(0.04420)
13480	0.647056228	0	0	0.0057143	0.000001	08(0.73013) 21(0.26987)
14506	0.629896250	0.0000344	0	0.0027917	0.0000011	03(0.52438) 08(0.29353) 11(0.18209)
15526	0.999999962	0	1	0	0	3
16565	0.741549217	0.0000549	0.0000002	0.0034643	0.0000015	03(0.19349) 11(0.42849) 23(0.37802)
17618	0.510542770	0.0000187	0.0052052	0.0014826	0.0000006	01(0.12233) 03(0.21376) 08(0.39947) 11(0.26444)
18641	0.660522930	0.0000159	0.1400939	0.0047047	0.0000014	03(0.54417) 08(0.07334) 10(0.17436) 21(0.20813)
19660	1.000000000	0	1	0	0	3
20683	0.999999959	0	1	0	0	3

21690	1.399999999	0	0	0.0333333	0	8
22702	0.583924013	0	0	0.005618	0.0000009	08(0.64858) 21(0.35142)
23760	1.094133857	0.0001208	0.0000001	0.003278	0.0000022	5
24791	0.999999999	0	1	0	0	03(0.26756) 04(0.07055) 06(0.08088) 07(0.08809) 15(0.04227) 19(0.08106) 20(0.05024) 21(0.06358) 23(0.25578)

6. 효율성 변화 분석

효율성 및 생산성의 변화를 분석하기 위하여 본 연구에서는 윈도우 분석 및 맘퀴스트 생산성 지수 분석을 실행하였다(이재설·고현우, 2009b).

6.1. 윈도우 분석

24개 우편집중국의 2008년 1/4분기부터 4/4분기까지 DEA－Solver를 사용한 윈도우 분석을 실행하기 위한 자료는 <부록 1>에 나타냈다. 여기서 비교대상기간(k)은 4이므로 윈도우의 크기(p)는 $\dfrac{k+1}{2} \pm \dfrac{1}{2}$을 계산하면 2 또는 3이다. 윈도우 크기가 2일 때 윈도우 수(w)는 $k-p+1$이므로 3이 되고 윈도우 크기가 3일 때 윈도우 수는 2가 되는데, 기간의 경과에 따른 효율성의 변화를 더욱 세분화하여 분석하기 위하여 윈도우 수를 3으로 정하고 이에 따라 윈도우 크기를 2로 하였다. 따라서 첫 번째 윈도우는 2008년 1/4분기~2/4분기이고, 두 번째 윈도우는 2008년 2/4분기~3/4분기, 세 번째 윈도우는 2008년 3/4분기~4/4분기로 구성되었다.

우편집중국별로 행별로 구한 평균값을 '윈도우별 평균(average through window)'이라고 하며 이는 <표 Ⅳ-26>과 같다. 윈도우별 평균을 살펴보면 우편집중국 '04220', '05321', '06330', '07360', '11443', '12461', '14506' 및 '24791'의 8국은 초기 윈도우에서는 효율성이 낮았으나 기간이 경과함에 따라 효율성이 개선되어 가는 안정적인 추세를 보였다. 우편집중국 '02143' 및 '17618'의 2국은 초기 윈도우보다 두 번째 윈도우의 효율성 점수는 개선되었으나 세 번째 윈도우의 효율성 점수가 하락하는 불안정한 추세를 보였다. 우편집중국 '01140', '03210', '08410', '09421', '10431', '13480', '15526', '16565', '18641', '19660', '20683', '21690', '22702' 및 '23760'의 14국은 초기 윈도우보다 두 번째 윈도우의 효율성 점수가 하락하였으나 다시 개선되는 추세를 보였다.

<표 Ⅳ-26> 윈도우별 평균

DMU	2008. 1/4 - 2/4	2008. 2/4 - 3/4	2008. 3/4 - 4/4
01140	0.98491	0.97513	0.97905
02143	0.99644	1.00000	0.98664
03210	0.51848	0.46693	0.39494
04220	0.51806	0.53317	0.55184
05321	0.38909	0.39938	0.41955
06330	0.49301	0.50217	0.54839
07360	0.51682	0.52587	0.54772
08410	0.87824	0.85732	0.93793
09421	0.95228	0.94796	0.96746
10431	0.95333	0.88390	0.85402
11443	0.61050	0.63473	0.78211
12461	0.62123	0.63893	0.66347
13480	0.56077	0.55653	0.57155
14506	0.46703	0.47744	0.48573
15526	0.22115	0.21727	0.23767
16565	0.37890	0.36761	0.42194
17618	0.39697	0.40453	0.40328
18641	0.38384	0.38174	0.42054
19660	0.38563	0.37312	0.42021
20683	0.47338	0.47138	0.47512
21690	0.30096	0.29395	0.41142
22702	0.48182	0.47042	0.49070
23760	0.39558	0.38288	0.43370
24791	0.32097	0.32774	0.35862

　　우편집중국별로 열별로 구한 평균값을 '기간별 평균(average by term)'이라고 하며 이는 <표 Ⅳ-27>과 같다. 전체 평균을 살펴보면 2008년도 2/4분기에는 1/4분기보다 하락하였으나 3/4분기 및 4/4분기에는 계속 개선되는 경향을 보였다. 우편집중국 '04220', '06330', '07360', '11443', '12461' 및 '24791'의 6국은 시간이 경과함에 따라 효

율성이 개선되는 경향을 보였으며 나머지 18국은 개선 또는 하락이 혼재하는 경향을 보였다.

<표 Ⅳ-27> 기간별 평균

DMU	2008. 1/4	2008. 2/4	2008. 3/4	2008. 4/4
01140	0.96982	1.00000	0.97513	0.95810
02143	0.99288	1.00000	1.00000	0.97329
03210	0.51573	0.52123	0.41957	0.36337
04220	0.50246	0.53366	0.54163	0.55309
05321	0.40701	0.37072	0.43011	0.40739
06330	0.49101	0.49463	0.52219	0.56249
07360	0.51350	0.51945	0.53350	0.56141
08410	0.90354	0.85293	0.88092	0.97571
09421	0.94294	0.96163	0.95174	0.96574
10431	0.95799	0.94768	0.83138	0.86638
11443	0.59672	0.62429	0.68291	0.84356
12461	0.60786	0.63459	0.65619	0.65783
13480	0.53909	0.58245	0.53955	0.59463
14506	0.47215	0.46191	0.50175	0.46093
15526	0.23346	0.20856	0.22626	0.24908
16565	0.38125	0.37655	0.37965	0.44325
17618	0.37859	0.41535	0.40360	0.39308
18641	0.39178	0.37589	0.39382	0.44103
19660	0.39334	0.37788	0.38802	0.43278
20683	0.46978	0.47635	0.46705	0.48319
21690	0.31947	0.28245	0.31059	0.50711
22702	0.48466	0.47897	0.46963	0.50400
23760	0.42270	0.36845	0.42024	0.42423
24791	0.32018	0.32151	0.34210	0.36725
평균	0.55033	0.54946	0.55281	0.58287

6.2. 맘퀴스트 생산성 지수 분석

EnPAS(efficiency and productivity analysis system)를 사용하여 MPI를 구하기 위한 자료는 <부록 2>와 같다.

<표 Ⅳ-28>의 시계열 평균 생산성 지수를 살펴보면 MPI가 0.6% 증가하였는데 이는 기술변화보다는 기술효율성, 순수효율성 및 규모효율성의 변화(증가)에 기인한 것임을 알 수 있었다.

〈표 Ⅳ-28〉 시계열 평균 생산성 지수

시계열	TECI	TCI	PECI	SECI	MPI
T2	0.9694	1.0223	0.9960	0.9733	0.9911
T3	1.0380	0.9577	1.0273	1.0104	0.9940
T4	1.0835	0.9539	0.9951	1.0889	1.0336
기하평균	1.0292	0.9775	1.0060	1.0231	1.0060

그리고 DMU별 평균 생산성 지수는 <표 Ⅳ-29>에 나타냈다. 평균 생산성 지수가 가장 높은 우편집중국 '21690'을 살펴보면 MPI가 1.1537로 분기평균증가율이 15.37%이며, 이는 기술변화(감소) 및 순수효율성변화(정체)보다는 기술효율성변화(증가) 및 규모효율성변화(증가)에 기인하였음을 알 수 있었다. 따라서 이 우편집중국은 TCI가 감소하였으므로 혁신(innovation) 잠재력이 있어 작업공정 혁신, 새로운 경영기법 및 외부충격 등을 이용하여 생산성을 증대시킬 수 있으며, PECI가 정체하고 있으므로 이를 개선할 수 있는 방안을 강구하는 것이 필요하다고 판단된다. 그리고 평균생산성 지수가 가장 낮은 우편집중국 '03210'을 살펴보면 MPI가 0.8790으로 분기평균감소율이

12.1%이며, 이는 순수효율성변화(정체)보다는 기술효율성변화(감소), 기술변화(감소) 및 규모효율성변화(감소)에 기인하고 있음을 알 수 있었다. 이 우편집중국은 TECI가 낮아 추격(catching up) 잠재력이 있으므로 비용구조 및 설비가동률 개선 등이 필요하며, TCI가 낮아 혁신 잠재력이 있으므로 작업공정 혁신, 새로운 경영기법 및 외부충격 등의 이용이 필요하며, SECI가 낮으므로 최적규모의 지향이 필요하며, PECI가 정체하고 있으므로 이의 개선이 필요하다고 판단된다.

〈표 Ⅳ-29〉 DMU별 평균 생산성 지수

DMU	TECI	TCI	PECI	SECI	MPI
01140	1.0000	0.9638	1.0000	1.0000	0.9638
02143	1.0000	0.9802	1.0000	1.0000	0.9802
03210	0.8997	0.9769	1.0000	0.8997	0.8790
04220	1.0537	0.9689	1.0000	1.0537	1.0209
05321	1.0076	0.9916	1.0200	0.9879	0.9991
06330	1.0520	0.9799	1.0000	1.0520	1.0308
07360	1.0370	0.9937	1.0000	1.0370	1.0304
08410	1.0213	0.9896	1.0000	1.0214	1.0107
09421	1.0112	0.9819	1.0024	1.0089	0.9929
10431	0.9728	0.9866	1.0000	0.9728	0.9598
11443	1.1268	0.9599	1.0317	1.0922	1.0817
12461	1.0252	0.9871	1.0190	1.0061	1.0119
13480	1.0475	0.9756	1.0238	1.0231	1.0219
14506	0.9904	0.9860	1.0088	0.9818	0.9766
15526	1.0286	0.9853	1.0000	1.0286	1.0135
16565	1.0516	0.9574	0.9982	1.0535	1.0067
17618	1.0342	0.9687	0.9990	1.0351	1.0018
18641	1.0509	0.9788	1.0346	1.0157	1.0287
19660	1.0367	0.9628	1.0000	1.0367	0.9983
20683	1.0162	0.9943	1.0000	1.0162	1.0103
21690	1.1824	0.9757	1.0000	1.1824	1.1537

22702	1.0270	0.9757	1.0087	1.0182	1.0020
23760	1.0053	0.9602	1.0000	1.0053	0.9654
24791	1.0525	0.9799	1.0000	1.0525	1.0313
기하평균	1.0292	0.9775	1.0060	1.0231	1.0060

우편집중국별 MPI의 기하평균과 누적곱을 구하면 <표 Ⅳ-30>과 같다. 일반적으로 기하평균은 시계열(time-series)자료 변동률의 대푯값으로서 성질을 가지고 있다. <표 Ⅳ-30>에서 기하평균은 분기 평균생산성 증가를 의미하는데, 전체적으로 분기 평균생산성이 0.6% 증가하였으며 우편집중국 '04220' 외 14국은 분기 평균생산성이 증가하였고 '01140' 외 8국은 분기 평균생산성이 감소하였다. 누적곱은 2008년 1/4분기와 4/4분기 사이의 생산성 증가를 의미하는데, 전체적으로는 생산성이 1.82% 증가하였다. 우편집중국별로 살펴보면 우편집중국 '04220' 외 14국은 생산성이 증가하였고 '01140' 외 8국은 생산성이 감소하였다.

〈표 Ⅳ-30〉 DMU별 MPI의 기하평균 및 누적곱

DMU	T=2(2/4)	T=3(3/4)	T=4(4/4)	기하평균	누적곱
01140	1.0426	0.9224	0.9308	0.9638	0.8951
02143	1.0122	0.9849	0.9448	0.9802	0.9419
03210	1.0107	0.7916	0.8488	0.8790	0.6791
04220	1.0621	0.9982	1.0037	1.0209	1.0641
05321	0.9120	1.1574	0.9449	0.9991	0.9974
06330	1.0080	1.0321	1.0527	1.0308	1.0952
07360	1.0128	1.0274	1.0513	1.0304	1.0939
08410	0.9433	1.0108	1.0829	1.0107	1.0325
09421	1.0197	0.9727	0.9870	0.9929	0.9790
10431	0.9902	0.8673	1.0294	0.9598	0.8840
11443	1.0462	1.0335	1.1705	1.0817	1.2656

12461	1.0427	1.0143	0.9797	1.0119	1.0361
13480	1.0804	0.9111	1.0842	1.0219	1.0672
14506	0.9778	1.0662	0.8935	0.9766	0.9315
15526	0.8943	1.0865	1.0715	1.0135	1.0411
16565	0.9834	0.9524	1.0894	1.0067	1.0203
17618	1.1060	0.9477	0.9591	1.0018	1.0053
18641	0.9587	1.0309	1.1015	1.0287	1.0886
19660	0.9608	0.9751	1.0618	0.9983	0.9948
20683	1.0154	0.9818	1.0345	1.0103	1.0313
21690	0.8839	1.0815	1.6063	1.1537	1.5355
22702	0.9882	0.9643	1.0557	1.0020	1.0060
23760	0.8718	1.0782	0.9571	0.9654	0.8996
24791	1.0049	1.0402	1.0493	1.0313	1.0968
기하평균	0.9911	0.9940	1.0336	1.0060	1.0182

7. 분석결과 종합

DEA 일반 모형, 가중치 제약 모형, 서열화 모형 및 효율성 변화 모형에 의한 분석결과를 다음과 같이 요약하였으며, 이를 다시 <표 Ⅳ-31>에 나타냈다.

7.1. DEA 일반 모형(CCR 및 BCC) 분석결과

CCR 및 BCC 모형에 의하여 24개 우편집중국에 대한 2008년도 운영 효율성을 분석한 결과 각각 3국 및 16국이 효율적인 것으로 나타났다. 효율적인 DMU가 다수 나타난 것은 DEA가 투입 및 산출자료가 주어진 상태에서 평가대상 DMU의 효율성이 가장 유리하게 평가되도록 하고 효율성 점수를 1 이하로 제한하였기 때문이며, CCR 모형에 의한 경우 3개 및 BCC 모형에 의한 경우 16개의 효율적인 DMU에 대한 효율성 점수 순위의 판별이 곤란한 문제가 발생하였다.

CCR 모형의 점수와 BCC 모형의 점수를 이용하여 규모효율성을 구할 수 있었으며 이를 이용하여 DMU가 비효율적인 경우 비효율의 원천이 DMU 자체의 비효율적 운영에 의하여 야기되었는지 또는 DMU가 운영되는 불리한 조건에 의한 것인지를 판단할 수 있었다. 또한 규모수익을 통하여 규모수익불변, 규모수익증가 및 규모수익체감을 판단할 수 있었으며, 참조집합의 λ값을 이용하여 비효율적인 DMU의 효율성 개선방안을 모색할 수 있었다.

7.2. 가중치 제약 모형(AR 및 cone-ratio) 분석결과

CCR-AR 및 BCC-AR 모형으로 분석한 결과 효율적인 우편집중국은 각각 1국 및 3국으로 나타났으며, CCR 및 BCC 모형으로 분석한 결과 효율적으로 나타났던 DMU의 효율성 점수 순위의 판별력이 높게 나타났다. 그러나 BCC-AR 모형에 의한 분석결과 효율적인 DMU 수가 3개로 나타나 여전히 이들 DMU의 효율성 점수 순위의 판별이 곤란한 문제가 발생하였다. 그리고 AR을 설정하는 과정에서 AHP 설문조사기법을 사용하는 경우 응답내용의 일관성 비율이 일정 수준 이하인 것은 타당한 응답으로 간주하게 되는데, 응답자의 주관적 판단이 개입된 응답내용이 타 응답자의 응답방향과 현격히 다른 경우에도 일관성 비율이 일정 수준 이하라면 타당한 응답으로 간주되어 결국 AR 설정에 반영되므로 응답자의 주관적 판단이 분석결과에 영향을 미치는 문제가 발생할 수 있다.

Cone-ratio DEA에 의한 분석은 효율적인 DMU의 투입 및 산출요소 가중치를 사용하여 투입 및 산출자료를 변환한 후 이를 사용하여 분석하는 방법과, 투입 및 산출요소에 대한 의사결정자의 선호순서를 반영한 cone을 구성하여 cone별 효율성 분석을 한 후 각 cone의 평균 효율성 점수를 산출하는 두 가지 접근법을 사용한 결과, 효율적인 DMU는 각각 3개 및 1개로 나타나 후자가 효율성 점수 순위의 판별력이 더 높게 나타났다. 그리고 후자는 구체적인 가중치 제한범위를 설정하지 않고 단순히 요소에 대한 선호순서 또는 중요시하는 순서만을 고려한 것으로서, 요소에 대한 선호정도를 반영한 각각의 경우의 효율성 점수를 산출할 수 있으므로 의사결정자의 가치판단 반영의 신축성을 높일 수 있는 장점이 있다. 그러나 이 방법은 투입요소의 수 m 및 산출요소의 수 s일 때 cone의 수는 $m! \times s!$이 되므로 투입 및 산출요소의 수가 증가할수록 계산작업량이 급격히 증가하는 단점이 있다.

7.3. 서열화 모형(교차효율 및 초효율) 분석결과

교차효율 분석에 의한 경우 각 DMU의 효율성 점수 순위가 명확하게 판별되었다. 그러나 이 방법은 DMU 수가 n일 때 n회의 교차효율 분석을 하여야 하므로 DMU 수가 증가할 경우 DMU 수에 비례하여 계산량이 증가하는 단점이 있다.

CCR 초효율 분석결과 CCR 모형에 의하여 분석할 때 효율적으로 나타났던 3개 DMU의 효율성 점수 순위가 명확하게 판별되었다. BCC 초효율 분석결과 BCC 모형에 의하여 분석할 때 효율적으로 나타났던 16개 DMU 중 15개 DMU의 효율성 점수 순위는 판별되었으나 1개 DMU는 실행불가능으로 나타나 전체 DMU의 효율성 점수 순위를 판별하는 데 문제가 발생하였다.

7.4. 효율성 변화(윈도우 및 MPI) 분석결과

DEA 일반 모형, 가중치 제약 모형 및 서열화 모형에 의한 분석이 정태적 환경하에서의 분석임에 비추어 볼 때 윈도우 분석 및 MPI 분석은 동태적 환경하에서의 분석이라고 할 수 있다.

윈도우 분석결과 윈도우별 평균은 행 관점을 나타낸 것으로서 동일한 데이터집합에 대한 윈도우별 추세와 행태가 8개 DMU는 안정적이며 16개 DMU는 비안정적임을 나타내고 있었으며, 기간별 평균은 열 관점을 나타낸 것으로서 서로 다른 데이터집합에 대하여 효율성이 6개 DMU는 안정적이며 18개 DMU는 하락과 개선이 반복되고 있음을 나타내고 있었다.

MPI 분석결과 중 시계열평균생산성 지수를 살펴보면 TCI, PECI, SECI 및 MPI는 증가하였고 TCI는 감소하였음을 나타내고 있었다. DMU별 평균생산성 지수는 DMU별로 TECI, TCI, PECI, SECI 및 MPI가 증가 또는 감소하였음을 나타내고 있었으며, 이를 이용하여 생산성의 개선방향을 모색할 수 있었다. DMU별 MPI의 기하평균은 15개 DMU의 분기평균생산성이 증가하였고 9개 DMU는 감소하였음을 나타냈다. DMU별 MPI의 누적곱은 2008년 1/4분기부터 4/4분기 사이에 15개 DMU의 생산성이 증가하였고 9개 DMU의 생산성이 감소하였음을 나타냈다. 그리고 MPI를 분석하여 우편집중국별로 생산성의 개선방향을 모색할 수 있음을 제시하였다.

7.5. 결과 종합

위를 종합적으로 고려해 보면 각 분석모형들이 장점과 단점을 가지고 있음을 알 수 있었다. 정태적 분석 측면에서 살펴보면 투입요소 및 산출요소의 수가 많지 않을 경우 요소의 선호순서를 반영한 cone - ratio DEA를 적용함이 DMU의 효율성 점수 순위를 잘 구별할 수 있어 바람직하며, DMU 수가 많지 않을 경우 교차효율 분석을 적용함이 효율성 점수 순위를 잘 구별할 수 있어 바람직한 것으로 판단된다. 그리고 일반 모형이나 가중치 제약 모형 등을 적용한 결과 효율적으로 나타난 DMU가 다수일 경우 효율적으로 나타난 DMU에 대하여 교차효율 분석 또는 cone - ratio DEA를 적용하여 효율성 점수 순위를 명확히 판별할 수 있을 것으로 판단된다.

동태적 분석 측면에서 살펴보면 윈도우 분석은 효율성의 윈도우별 추세 및 행태의 파악과 안정성의 검증이 가능하나, 시계열별 및 DMU별 생산성의 변화와 그 원인을 분석하고 개선방향을 모색하기 위해서는 MPI 분석을 적용함이 더 바람직할 것으로 판단된다.

〈표 Ⅳ-31〉 분석결과 요약

분석모형				평균 효율성 점수	효율적 DMU 수	분석내용 검토결과
정태적 분석	일반		CCR	0.58302	3	효율적 DMU의 순위판별 곤란
			BCC	0.87713	16	효율적 DMU의 순위판별 곤란
	가중치 제약	AR	CCR-AR	0.43762	1	CCR 모형보다 순위판별력 높으나, AR 설정과정에 주관적 판단이 반영되는 문제점 있음
			BCC-AR	0.70177	3	BCC 모형보다 순위판별력 높으나, 순위판별 곤란한 효율적 DMU 존재 및 AR 설정과정에 주관적 판단이 반영되는 문제점 있음
		CR	자료변환	0.56631	3	효율적 DMU의 순위판별 곤란
			요소선호도 반영	0.51686	1	효율적 DMU의 순위판별 가능하나 투입·산출요소의 수가 증가하면 계산량 급격히 증가($m! \times s!$)
	서열화	교차효율 분석		0.77129	0	DMU의 순위판별력 높으나 DMU 수가 증가하면 계산량 증가(DMU 수 n에 비례)
		초효율 분석	CCR	0.60199	-	CCR 분석 시 효율적으로 판별된 DMU의 순위판별 가능
			BCC	-	-	일부 DMU의 infeasibility 문제 발생
동태적 분석	효율성 변화	윈도우 분석		-윈도우별 평균(행 관점): 동일 데이터집합에 대한 윈도우별 추세와 행태 파악 가능 -기간별 평균(열 관점): 서로 다른 데이터집합에 대한 안정성 검증 가능		
		MPI 분석		-시계열·DMU별 평균생산성 지수: 시계열별·DMU별 TECI, TCI, PECI, SECI 및 MPI의 증가 또는 감소 여부 판단 가능 -DMU별 MPI의 기하평균 및 누적곱: 기하평균은 분기별 생산성 증감 파악 가능하며, 누적곱은 2008. 1/4분기와 4/4분기 사이의 생산성 증감 파악 가능 -생산성 개선방향 파악 가능		

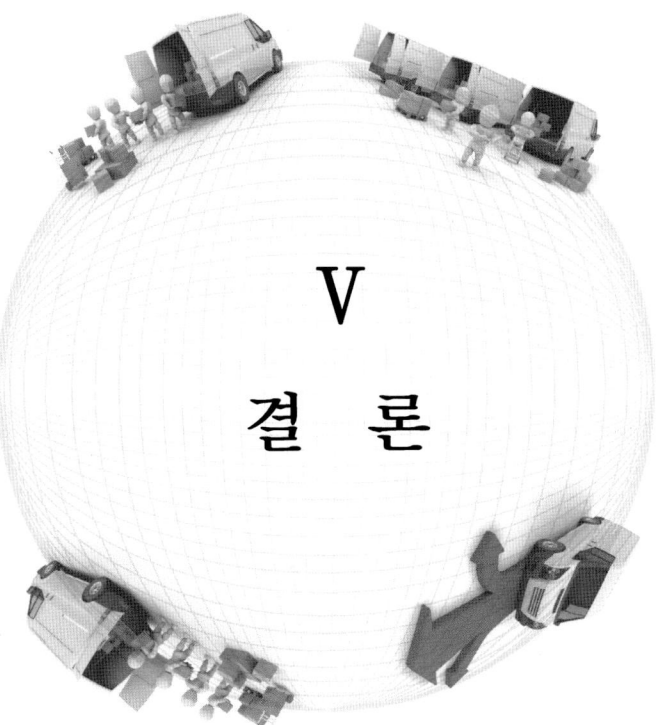

V

결 론

1. 연구의 요약

어떤 생산단위의 성과를 이야기할 때 어느 정도 효율적이냐 또는 어느 정도 생산적이냐를 말하는 것은 자연스러운 일이며, 효율성 및 생산성은 일반적으로 투입에 대한 산출의 비율을 의미한다. 그러나 효율성과 생산성은 엄격한 의미에서 동일한 것은 아니다. 효율적인 생산변경 상에서 모든 점의 생산성이 동일할 수는 없으며, 기술적으로 최적규모일 때 가장 생산성이 높다.

우편물류과정에서 핵심적인 기능을 수행하고 있는 우편집중국이 효율적으로 운영되기 위해서는 객관적이고 정확한 효율성 분석이 필요함에도 불구하고 현재 우편집중국에 대한 효율성 분석은 잘 이루어지지 않고 있다. 급변하는 환경에 대응하고 국민들의 요구에 부응하는 고품질의 보편적 서비스 제공과 자립경영기반의 구축을 효율적으로 달성하기 위하여 시행하고 있는 우편집중국에 대한 경영평가는 사전에 설정된 가중치 5%의 계량지표 및 95%의 비계량지표에 의한다. 이는 투입과 산출의 연계에 의한 평가의 곤란, 객관성의 문제, DMU의 비교 가능성 감소, 효율성 및 생산성을 분석하는 데 적절치 못한 문제 등이 있다. 이러한 문제를 해결하기 위하여 사전에 가중치를 부여할 필요가 없는 DEA 기법을 사용하여 우편집중국의 효율성을 분석하여 보았다. DEA 모형에 적용할 요소는 판단적 심사 및 후방접근법을 사용하여 투입요소 3개 및 산출요소 1개를 선정하였다.

DEA 일반 모형인 CCR 모형 및 BCC 모형에 의하여 우편집중국의 효율성을 분석한 결과 효율적인 우편집중국이 각각 3국 및 16국으로 나타났다. 그리고 규모효율성 및 규모수익을 분석할 수 있었고 참조집합을 이용하여 효율성 개선방안도 도출할 수 있었다. 그러나 CCR 모형 및 BCC 모형의 한계로 인하여 효율적인 DMU가 다수 나타나 효율성 순위를 판별하기 곤란한 문제점이 발생하였다.

효율적인 DMU가 다수 나타나는 문제를 해결하기 위하여 가중치 제약 모형과 서열화 모형에 의한 분석을 실행하였다. 가중치 제약 모형으로 DEA-AR 모형 및 cone-ratio DEA 모형을 사용하였다. DEA-AR 모형은 CCR-AR 모형과 BCC-AR 모형을 사용하였다. CCR-AR 모형에 의한 분석결과는 CCR 모형에 의한 분석결과 효율적으로 나타났던 우편집중국의 효율성 점수 순위를 판별할 수 있게 나타났다. BCC-AR 모형에 의한 분석결과는 BCC 모형에 의한 분석결과 효율적으로 나타났던 16개 우편집중국 중 13개 우편집중국의 효율성 점수 순위를 판별할 수 있었으나 3개 우편집중국은 여전히 효율적으로 나타나 효율성 점수 순위를 판별할 수 없게 나타났다. AR 모형의 분석결과를 이용하여 규모효율성 및 규모수익도 분석할 수 있었다. 그러나 AHP에 의하여 AR을 설정하는 방법은 CCR 또는 BCC 모형 분석결과 효율적으로 나타난 DMU의 효율성 점수 순위의 판별력을 높이는 장점이 있으나 설문 응답자의 주관적 견해가 가중치 제약에 반영될 수 있는 문제가 발생할 수 있었다.

Cone–ratio DEA는 효율적인 우편집중국의 투입·산출요소 가중치를 사용하여 자료를 변환한 후 이를 사용하여 분석하는 방법과 투입·산출요소에 대한 의사결정자의 선호 순서를 반영하여 분석하는 방법을 사용하였다. 변환자료를 사용한 cone–ratio DEA 결과는 CCR 모형 분석결과에서 효율적으로 나타나 순위를 판별할 수 없었던 3개 우편집중국의 효율성 점수 순위를 여전히 구별할 수 없게 나타났으나, 요소에 대한 선호 순서를 반영한 cone–ratio DEA 결과는 CCR 모형 분석결과에서 효율성 점수 순위를 판별할 수 없었던 3개 우편집중국의 순위를 판별할 수 있게 나타났다. 그러나 후자는 요소의 수가 증가할수록 효율성 분석을 위한 계산작업량이 급격히 증가하는 문제가 있었다.

서열화를 위한 모형으로 교차효율 분석 모형 및 초효율 분석 모형을 사용하였다. 교차효율 분석은 자기평가효율성을 제외한 동료평가효율성으로 하였는데 분석결과 모든 분석대상 우편집중국의 효율성 점수 순위를 명확히 판별할 수 있었다. 교차효율 분석은 DMU의 효율성 섬수 순위 판별력이 높으나 DMU 수기 증가할수록 계산작업량이 비례적으로 증가하는 문제가 있었다.

초효율 분석은 CCR 및 BCC 모형으로 하였다. CCR 초효율 분석결과 CCR 모형에 의한 분석에서 효율적으로 나타났던 3개 우편집중국의 효율성 점수 순위를 판별할 수 있었다. 그러나 BCC 초효율 분석결과 BCC 모형에 의한 분석에서 효율적으로 나타났던 16개 우편집중국 중 1개 우편집중국의 효율성 점수가 나타나지 않아 순위를 판별할 수 없었다.

효율성·생산성의 변화를 분석하는 방법으로 윈도우 분석 및 MPI 분석을 사용하였다. 윈도우 분석결과 윈도우별 평균은 8개 우편집중국의 효율성이 개선되어 가는 추세와 행태를 나타냈고 기간별 평균은 6개 우편집중국의 효율성이 개선되는 안정적인 경향을 나타냈다.

MPI 분석결과 시계열·DMU별 평균생산성 지수를 통하여 시계열별·DMU별 TECI, TCI, PECI, SECI 및 MPI의 증가 또는 감소 여부를 판단할 수 있었으며 이를 이용하여 생산성의 개선방향을 모색할 수 있었다. DMU별 MPI의 기하평균을 통하여 24개 우편집중국의 분기별 생산성 증감의 파악이 가능하였으며 MPI의 누적곱을 통하여 2008년 1/4분기와 4/4분기 사이의 생산성 증감의 파악이 가능하였다. 그리고 MPI 분석을 통하여 DMU별 생산성 개선방향의 파악이 가능하였다.

이상의 연구를 종합하여 보면 우편집중국의 효율성을 정태적 측면에서 분석함에 있어서 투입 및 산출요소의 수가 많지 않을 경우 요소의 선호 순서를 반영한 cone - ratio DEA를 적용함이 바람직하며, DMU 수가 많지 않을 경우 교차효율 분석을 적용함이 바람직할 것으로 판단된다. 그리고 일반 모형이나 가중치 제약 모형 등을 적용한 결과 효율적으로 나타난 DMU가 복수일 경우 효율적으로 나타난 DMU에 대하여 이들 두 모형을 적용하여 효율성 점수 순위를 명확히 판별할 수 있을 것으로 판단된다. 또한 동태적 측면에서 생산성의 변화를 분석하고 개선방향을 모색하기 위해서는 MPI 분석이 바람직할 것으로 판단된다.

2. 주요 시사점 및 한계

오늘날 국내외의 정치·경제·사회적 환경이 급변하는 가운데 정부나 기업은 효율성을 제고하여 경쟁력을 높이기 위하여 노력하고 있다. 특히 정부는 기업의 경쟁력 제고방안과 아울러 공공기관 선진화·효율화 계획을 잇따라 발표하였고 공공기관 및 기관장에 대한 평가를 철저히 하여 작고 효율적인 정부를 원하는 국민의 요구에 부응하려고 한다.

이에 본 연구에서 제시한 DEA 기법을 사용한 효율성 분석방법은 우편물류 전문기관인 우편집중국에 대한 경영성과를 평가하기 위한 수단으로 활용 가능할 뿐만 아니라 이와 유사한 타 물류시설, 공공기관 및 기업의 효율성 분석 또는 경영성과를 평가하는 데도 활용이 가능할 것임을 시사한다. 또한 비효율적으로 나타난 DMU의 효율성 개선방향을 모색하는 것도 가능하며, 만일 통폐합 등 여러 가지 목적으로 상대적으로 비효율적인 우편집중국을 선별할 필요가 있을 경우 DEA 기법을 이용할 수도 있음을 보여 준다.

그리고 본 연구는 DEA의 절차, DMU 및 투입·산출요소의 선정에 관한 외국문헌을 고찰하여 이론을 정리하고 실증분석 차원에서 적용함으로써 향후 본 연구결과가 이와 유사한 타 연구에도 응용될 수 있음을 시사한다. 또한 DEA에 의사결정자의 가치판단결과를 반영할 수 있는 cone-ratio DEA에 관하여 이론을 정리하고 적용함으로써 이 기법이 유용하게 활용될 수 있음도 보여 준다.

그러나 본 연구는 자료수집의 한계로 인하여 여러 연도에 걸친 효율성·생산성 변화의 분석을 실행하지 못하고 2008년도 사분기에 대해서만 분석한 한계를 지녔다. 그리고 DEA를 수행하는 과정에서 가장 중요한 문제는 투입요소 및 산출요소를 올바르게 선정하는 것이라고 판단하여 본 연구는 판단적 심사 및 후방접근법에 의하여 투입요소 및 산출요소를 선정하였는데, 요소의 최초목록(initial list)이 충분히 광범위하게 작성되었는지와 우편집중국의 효율성에 영향을 미치는 요소들이 누락됨이 없이 잘 선정되었는지를 검증할 수 있는 방법에 대한 연구가 추후 필요하다고 생각한다. 또한 의사결정자의 가치판단을 반영하는 가중치 제약 모형에 의한 분석이 객관성을 지향하는 DEA의 목적을 달성하는 데 적합한지도 신중히 검토해 볼 필요가 있다고 생각한다.

끝으로 요소의 선호 순서를 반영한 cone-ratio DEA 또는 교차효율 분석은 많은 계산작업을 필요로 하는데 이 작업을 용이하게 수행할 수 있는 소프트웨어를 개발하는 것도 바람직하다고 생각한다.

참고문헌

김건위(2006), DEA를 통한 지방행정 정보화, 서울: 한국학술정보(주).

김대기 · 최재필(2006), "우편집중국의 운영효율성 개선을 위한 의사결정지원 모델에 대한 연구", 한국SCM학회지, 제6권 제2호, pp.39 – 47.

김성호 · 최태성 · 이동원(2007), 효율성 분석: 이론과 활용, 서울: 서울경제경영출판사.

김성희 · 정병호 · 김재경(1999), 의사결정분석 및 응용, 서울: 영지문화사.

박만희(2008), 효율성과 생산성 분석, 서울: 한국학술정보(주).

박동서(1989), 한국행정론, 제3전정판, 서울: 법문사.

박승록(2002), 공기업과 민간기업의 생산성 분석, 한국경제연구원.

백경민(2001), DEA를 이용한 우정사업 경영성과 평가모형에 관한 연구, 서울대학교 석사학위논문.

손승태(1993), 국내은행의 경영효율성 비교분석, 연구보고서 93 – 01, 한국개발연구원.

우정사업본부(2003), 우편집중국백서 2003.

우정사업본부(2007), 한국우정백서(2001 ~ 2007).

우정사업본부(2008), 2008년도 우정사업 소속기관 경영평가 세부지침.

유금록(2004), 공공부문의 효율성 측정과 평가: 프런티어분석의 이론과 적용, 서울: 대영문화사.

이재설 · 고현우(2008a), "DEA를 사용한 우편집중국 운영의 효율성 분석", 산업경영시스템학회지, 제31권 제3호, pp.8 – 16.

이재설 · 고현우(2008b), "DEA – AR 모형을 사용한 우편집중국 운영의 상대적 효율성 분석", 한국경영공학회지, 제13권 제3호, pp.43 – 56.

이재설 · 고현우(2009a), "교차효율분석을 응용한 우편집중국의 운영효율성 분석", 한국경영공학회지, 제14권 제1호, pp.159 – 168.

이재설 · 고현우(2009b), "Cone – ratio DEA에 의한 우편집중국 효율성 분석", 2009년 한국산업경영시스템학회 춘계학술대회 발표논문.

이재설 · 고현우(2009c), "DEA – Window 분석 및 Malmquist 생산성지수를 사용한 우편집중국 효율성 및 생산성 변화 분석", 2009년 한국산업경영시스템학회 하계워크숍 및 논문발표대회 발표논문.

장정무(1999), DEA 모형을 이용한 일선우체국의 운영효율성 평가에 관한 연구, 성균관대학교 석사학위논문.

조근태 · 조용곤 · 강현수(2003), 앞서가는 리더들의 계층분석적 의사결정, 서울: 동현출판사.

최종범 · 옥주영 · 이용수 · 안명옥(2004), "우편사업 생산성 분석", 연구보고 04 - 16, 정보통신정책연구원.

Adler, Nicole., Friedman, Lea., and Sinuany‐Stern, Zilla.(2002), "Review of ranking methods in the data envelopment analysis context", *European Journal of Operational Research*, Vol.140, pp.249‐265.

Andersen, Per., and Petersen, Niels Christian.(1993), "A procedure for ranking efficient units in data envelopment analysis", *Management Science*, Vol.39, No.10, pp.1261‐1264.

Banker, R. D., Charnes, A., and Cooper, W. W.(1984), "Some models for estimating technical and scale inefficiencies in data envelopment analysis", *Management Science*, Vol.30, No.9, pp.1078‐1092.

Brockett, P. L., Charnes, A., Cooper, W. W., Huang, Z. M., and Sun, D. B.(1997), "Data transformations in DEA cone ratio envelopment approaches for monitoring bank performances", *European Journal of Operational Research*, Vol.98, pp.250‐268.

Caves, Douglas W., Christensen, Laurits R., and Diewert, W. Erwin.(1982), "The economic theory of index numbers and the measurement of input, output, and productivity", *Econometrica*, Vol.50, No.6, pp.1393‐1414.

Chandler, Ralph C., and Plano, Jack C.(1982), *The Public Administration Dictionary*, New York: John Wiley & Sons, Inc..

Charnes, A., and Cooper, W. W.(1985), "Preface to topics in data envelopment analysis", *Annals of Operations Research*, Vol.2, pp.59‐94.

Charnes, A., Cooper, W. W., and Rhodes, E.(1978), "Measuring the efficiency of decision making units", *European Journal of Operational Research*, Vol.2, pp.429‐444.

Charnes, A., Cooper, W. W., and Rhodes, E.(1981), "Evaluating program and managerial efficiency: An application of data envelopment analysis to program follow through", *Management Science*, Vol.27, No.6, pp.668‐697.

Charnes, A., Cooper, W. W., Wei, Q. L., and Huang, Z. M.(1989), "Cone ratio data envelopment analysis and multi – objective programming", *International Journal of Systems Science*, Vol.20, No.7, pp.1099 – 1118.

Charnes, A., Cooper, W. W., Huang, Z. M., and Sun, D. B.(1990), "Polyhedral cone – ratio DEA models with an illustrative application to large commercial banks", *Journal of Econometrics*, Vol.46, pp.73 – 91.

Chilingerian, Jon A.(1995), "Evaluating physician efficiency in hospital: A multivariate analysis of best practices", *European Journal of Operational Research*, Vol.80, pp.548 – 574.

Cook, Wade D., and Seiford, Larry M.(2009), "Data envelopment analysis(DEA) – Thirty years on", *European Journal of Operational Research*, Vol.192. pp.1 – 17.

Cooper, W. W., Seiford, L. M., and Tone, K.(2006), *Data Envelopment Analysis: A Comprehensive Text with Models, Applications, References and DEA – Solver Software*, Second Edition, New York: Springer.

Debreu, Gerad.(1951), "The coefficient of resource utilization", *Econometrica*, Vol.19, No.3, pp.273 – 292.

Doyle, John., and Green, Rodney.(1994), "Efficiency and cross – efficiency in DEA: derivations, meanings and uses", J*ournal of the Operational Research Society*, Vol.45, No.5, pp.567 – 578.

Färe, Rolf., and Grosskopf, Shawna.(1992), "Malmquist productivity indexes and Fisher ideal indexes", *The Economic Journal*, Vol.102, pp.158 – 160.

Färe, Rolf., Grosskopf, Shawna., Norris, Mary., and Zhang, Zhongyang. (1994), "Productivity growth, technical progress, and efficiency change in industrialized countries", *The American Economic Review*, Vol.84, No.1, pp.66 – 83.

Farrell, M. J.(1957), "The measurement of productive efficiency", *Journal of the Royal Statistical Society*, Vol.120, pp.253 – 290.

Fried, Harold O., Lovell, C. A. Knox., and Schmidt, Shelton S.(2008), "Efficiency and productivity", Edited by Fried, Harold O., Lovell, C. A. Knox., and Schmidt, Shelton S., *The Measurement of Productive*

Efficiency and Productivity Growth, Oxford: Oxford University Press, Inc., pp.3 ‒ 91.

Friedman, Lea., and Sinuany ‒ Stern, Zilla.(1998), "Combining ranking scales and selecting variables in the DEA context: The case of industrial branches", *Computers Operations Research*, Vol.25, No.9, pp.781 ‒ 798.

Golany, B., and Roll, Y.(1989), "An application procedure for DEA", *Omega*, Vol.17, No.3, pp.237 ‒ 250.

Hatry, Harry p.(1980), "Performance measurement principles and techniques: An overview for local government", *Public Productive Review*, Vol.4, No.4, pp.312 ‒ 339.

Jenkins, Larry., and Anderson, Murray.(2003), "A multivariate statistical approach to reducing the number of variables in data envelopment analysis", *European Journal of Operational Research*, Vol.147, pp.51 ‒ 61.

Klopp, Gerald A.(1985), "The Analysis of the Efficiency of Productive Systems with Multiple Inputs and Outputs", Ph.D. Dissertation, The University of Illinois at Chicago.

Koopmans, Tjalling C.(1951), "Analysis of production as an efficient combination of activities", Edited by Koopmans, Tjalling C. *Activity Analysis of Production and Allocation*, pp.37 ‒ 93, New York: John Wiley & Sons, Inc., pp.33 ‒ 97.

Lovell, C. A. Knox.(1993), "Production frontiers and productive efficiency", Edited by Fried, Harold O., Lovell, C. A. Knox., and Schmidt, Shelton S., *The Measurement of Productive Efficiency: Techniques and Applications*, New York: Oxford University Press, pp.3 ‒ 67.

Lovell, C. A. Knox., and Pastor, Jesús T.(1997), "Target setting: An application to a bank branch network", *European Journal of Operational Research*, Vol.98, pp.290 ‒ 299.

Malmquist, Sten.(1953), "Index numbers and indifference surfaces", *Trabajos de Estadística y de Investigación Operativa*, Vol.4, pp.209 ‒ 242.

Maruyama, Shoji., and Nakajima, Takanobu.(2002a), *Efficiency measurement and productivity analysis for Japanese postal service*, Tokyo: Institute for Posts and Telecommunications Policy.

Maruyama, Shoji., and Nakajima, Takanobu.(2002b), "The productivity analysis of postal services: Global comparison of the technical efficiency and the total factor productivity", *Topics in Regulatory Economics and Policy*, No.44, pp.141 – 156.

Pastor, Jesús T., Ruiz, José L., and Sirvent, Inmaculada.(2002), "A statistical test for nested radial DEA models", *Operations Research*, Vol.50, No.4, pp.728 – 735.

Roll, Y., Golany, B., and Seroussy, D.(1989), "Measuring the efficiency of maintenance units in the Israeli Air Force", *European Journal of Operational Research*, Vol.43, pp.136 – 142.

Roll, Yaakov., Cook, Wade D., and Golany, Boaz.(1991), "Controlling factor weights in data envelopment analysis", *IIE Transactions*, vol.23, pp.2 – 9.

Saaty, Thomas L.(1980), *The Analytic Hierarchy Process*, New York: McGraw – Hill.

Saaty, Thomas L.(1986), "Axiomatic foundation of the analytic hierarchy process", *Management Science*, Vol.32, No.7, pp.84 – 855.

Saaty, Thomas L.(1999), *Decision Making for Leaders*, Pittsburgh: RWS Publications.

Seiford, Lawrence M., and Thrall, Robert M.(1990), "Recent development in DEA: The mathematical programming approach to frontier analysis", *Journal of Econometrics*, Vol.46, pp.7 – 38.

Sexton, Thomas R., Silkman, Richard H., and Hogan, Andrew J.(1986), "Data envelopment analysis: critique and extensions", Edited by Silkman, Richard H, *Measuring Efficiency: An Assessment of Data Envelopment Analysis. New Direction for Program Evaluation*, San Francisco: Jossey – Bass, pp.73 – 105.

Sun, Dee Bruce.(1988), "Evaluation of managerial performance in large commercial banks by data envelopment analysis", Ph.D. Dissertation, The University of Texas at Austin.

Talluri, Srinivas., and Yoon, K. Paul.(2000), "A cone – ratio DEA approach for AMT justification", *International Journal of Production Economics*, Vol.66, pp.119 – 129.

Thompson, Russell G., Singleton, Jr, F. D., Thrall, Robert M., and Smith, Barion A.(1986), "Comparative site evaluations for locating a high – energy physics lab in Texas", *Interfaces*, Vol.16, No.6, pp.35 – 49.

Thompson, Russell G., Langemeier, Larry N., Lee, Chih‑Tah., Lee, Euntaik., and Thrall, Robert M.(1990), "The role of multiplier bounds in efficiency analysis with application to Kansas farming", *Journal of Econometrics*, Vol.46, pp.93 ‑ 108.

Universal Postal Union(2005), "Constitution of the Universal Postal Union", *Constitution, General Regulations*, Berne: International Bureau of the Universal Postal Union.

Universal Postal Union(2005), "Universal Postal Convention", *Letter Post Manual*, Berne: International Bureau of the Universal Postal Union.

Wagner, Janet M., and Shimshak, Daniel G.(2007), "Stepwise selection of variables in data envelopment analysis: Procedures and managerial perspectives", *European Journal of Operational Research*, Vol.180, pp.57 ‑ 67.

〈부록 1〉 윈도우 분석 입력자료

DMU	2008. 1/4 건물 (㎡)	구분기 (식)	비정규직 (명)	처리물량 (천 통)	2008. 2/4 건물 (㎡)	구분기 (식)	비정규직 (명)	처리물량 (천 통)
01140	31,222	5	284	406,531	31,222	5	277	419,180
02143	56,142	5	305	470,493	56,142	5	302	473,865
03210	7,150	1	27	21,849	7,150	1	28	22,900
04220	12,925	1	56	44,151	12,925	1	56	46,892
05321	32,492	3	196	114,654	32,492	3	195	104,562
06330	8,918	1	86	44,045	8,918	1	88	44,404
07360	11,122	1	64	48,546	11,122	1	64	49,173
08410	19,779	3	141	195,469	19,779	3	138	180,868
09421	33,734	4	204	298,817	33,734	4	203	303,367
10431	19,901	2	136	176,211	19,901	2	136	174,494
11443	10,733	2	107	85,987	10,733	2	107	89,959
12461	20,390	3	135	126,580	20,390	3	131	128,523
13480	35,496	4	161	136,187	35,496	4	166	151,709
14506	18,272	3	116	84,753	18,272	3	115	82,255
15526	12,942	1	66	22,126	12,942	1	66	19,792
16565	11,278	2	101	57,727	11,278	2	102	57,016
17618	31,510	5	289	158,935	31,510	5	254	160,562
18641	16,554	2	98	59,747	16,554	2	96	56,251
19660	6,603	1	75	33,286	6,603	1	77	31,981
20683	11,519	1	127	44,522	11,519	1	121	45,206
21690	10,200	1	44	22,056	10,200	1	43	19,057
22702	34,334	5	175	133,084	34,334	5	174	130,770
23760	6,298	1	70	35,487	6,298	1	70	30,933
24791	8,933	1	75	28,732	8,933	1	74	28,873
계	468,447	58	3,138	2,849,975	468,447	58	3,083	2,852,592

DMU	2008. 3/4				2008. 4/4			
	건물(㎡)	구분기 (식)	비정규직 (명)	처리물량 (천 통)	건물 (㎡)	구분기 (식)	비정규직 (명)	처리물량 (천 통)
01140	31,222	5	260	375,269	31,222	5	306	359,547
02143	56,142	5	313	475,140	56,142	5	334	462,448
03210	7,150	1	35	22,661	7,150	1	42	22,992
04220	12,925	1	58	48,477	12,925	1	57	47,857
05321	32,492	3	200	121,010	32,492	3	197	114,193
06330	8,918	1	88	45,826	8,918	1	88	48,244
07360	11,122	1	69	50,520	11,122	1	68	53,110
08410	19,779	3	141	186,418	19,779	3	144	205,850
09421	33,734	4	211	305,413	33,734	5	222	318,051
10431	19,901	2	137	151,342	19,901	2	140	155,786
11443	10,733	2	107	92,968	10,733	2	107	108,823
12461	20,390	3	134	133,034	20,390	3	146	140,992
13480	35,496	4	166	138,210	35,496	4	175	157,965
14506	18,272	3	111	84,971	18,272	3	133	89,819
15526	12,942	1	63	21,501	12,942	1	70	23,670
16565	11,278	2	101	54,308	11,278	2	110	60,085
17618	31,510	5	251	150,510	31,510	5	259	147,145
18641	16,554	2	95	57,448	16,554	2	97	64,472
19660	6,603	1	87	31,181	6,603	1	89	33,104
20683	11,519	1	120	44,383	11,519	1	124	45,917
21690	10,200	1	43	20,609	10,200	1	30	23,094
22702	34,334	5	177	128,272	34,334	5	178	136,184
23760	6,298	1	75	33,357	6,298	1	73	31,931
24791	8,933	1	74	30,038	8,933	1	78	31,521
계	468,447	58	3,116	2,802,866	468,447	59	3,267	2,882,800

〈부록 2〉맘퀴스트 생산성 지수 분석 입력자료

시계열	DMU	I1건물 (㎡)	투입요소 I2 구분기 (식)	I3 비정규직 (명)	산출요소 O1 처리물량 (천 통)
T1	01140	31,222	5	284	406,531
	02143	56,142	5	305	470,493
	03210	7,150	1	27	21,849
	04220	12,925	1	56	44,151
	05321	32,492	3	196	114,654
	06330	8,918	1	86	44,045
	07360	11,122	1	64	48,546
	08410	19,779	3	141	195,469
	09421	33,734	4	204	298,817
	10431	19,901	2	136	176,211
	11443	10,733	2	107	85,987
	12461	20,390	3	135	126,580
	13480	35,496	4	161	136,187
	14506	18,272	3	116	84,753
	15526	12,942	1	66	22,126
	16565	11,278	2	101	57,727
	17618	31,510	5	289	158,935
	18641	16,554	2	98	59,747
	19660	6,603	1	75	33,286
	20683	11,519	1	127	44,522
	21690	10,200	1	44	22,056
	22702	34,334	5	175	133,084
	23760	6,298	1	70	35,487
	24791	8,933	1	75	28,732
T2	01140	31,222	5	277	419,180
	02143	56,142	5	302	473,865
	03210	7,150	1	28	22,900
	04220	12,925	1	56	46,892

	05321	32,492	3	195	104,562
	06330	8,918	1	88	44,404
	07360	11,122	1	64	49,173
	08410	19,779	3	138	180,868
	09421	33,734	4	203	303,367
	10431	19,901	2	136	174,494
	11443	10,733	2	107	89,959
	12461	20,390	3	131	128,523
	13480	35,496	4	166	151,709
	14506	18,272	3	115	82,255
	15526	12,942	1	66	19,792
	16565	11,278	2	102	57,016
	17618	31,510	5	254	160,562
	18641	16,554	2	96	56,251
	19660	6,603	1	77	31,981
	20683	11,519	1	121	45,206
	21690	10,200	1	43	19,057
	22702	34,334	5	174	130,770
	23760	6,298	1	70	30,933
	24791	8,933	1	74	28,873
T3	01140	31,222	5	260	375,269
	02143	56,142	5	313	475,140
	03210	7,150	1	35	22,661
	04220	12,925	1	58	48,477
	05321	32,492	3	200	121,010
	06330	8,918	1	88	45,826
	07360	11,122	1	69	50,520
	08410	19,779	3	141	186,418
	09421	33,734	4	211	305,413
	10431	19,901	2	137	151,342
	11443	10,733	2	107	92,968
	12461	20,390	3	134	133,034
	13480	35,496	4	166	138,210
	14506	18,272	3	111	84,971
	15526	12,942	1	63	21,501
	16565	11,278	2	101	54,308

	17618	31,510	5	251	150,510
	18641	16,554	2	95	57,448
	19660	6,603	1	87	31,181
	20683	11,519	1	120	44,383
	21690	10,200	1	43	20,609
	22702	34,334	5	177	128,272
	23760	6,298	1	75	33,357
	24791	8,933	1	74	30,038
T4	01140	31,222	5	306	359,547
	02143	56,142	5	334	462,448
	03210	7,150	1	42	22,992
	04220	12,925	1	57	47,857
	05321	32,492	3	197	114,193
	06330	8,918	1	88	48,244
	07360	11,122	1	68	53,110
	08410	19,779	3	144	205,850
	09421	33,734	5	222	318,051
	10431	19,901	2	140	155,786
	11443	10,733	2	107	108,823
	12461	20,390	3	146	140,992
	13480	35,496	4	175	157,965
	14506	18,272	3	133	89,819
	15526	12,942	1	70	23,670
	16565	11,278	2	110	60,085
	17618	31,510	5	259	147,145
	18641	16,554	2	97	64,472
	19660	6,603	1	89	33,104
	20683	11,519	1	124	45,917
	21690	10,200	1	30	23,094
	22702	34,334	5	178	136,184
	23760	6,298	1	73	31,931
	24791	8,933	1	78	31,521

찾아보기

이재설(李載設)

▋약력

대전고등학교 졸업
국민대학교 행정학과(행정학사)
서경대학교 물류학과(물류학석사)
서경대학교 산업공학과(공학박사)

현) 한국우편물류지원단 이사장
　　한국SCM학회 이사
　　한국경영공학회 · 한국물류학회 · 한국산업경영시스템학회 회원

▋주요 논문

「DEA에 기반한 파렛트 공급업체 평가 사례연구」
외 다수

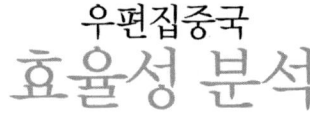

우편집중국
효율성 분석
✉ 자료포락분석(DEA)

초판인쇄 | 2010년 8월 9일
초판발행 | 2010년 8월 9일

지 은 이 | 이재설
펴 낸 이 | 채종준
펴 낸 곳 | 한국학술정보㈜
주　 소 | 경기도 파주시 교하읍 문발리 파주출판문화정보산업단지 513-5
전　 화 | 031) 908-3181(대표)
팩　 스 | 031) 908-3189
홈페이지 | http://ebook.kstudy.com
E-mail | 출판사업부 publish@kstudy.com
등　 록 | 제일산-115호(2000. 6. 19)

ISBN　978-89-268-1241-9　93320 (Paper Book)
　　　　978-89-268-1242-6　98320 (e-Book)